体能训练

刘耀荣　于　宁◎主　编

人民体育出版社

图书在版编目（CIP）数据

体能训练 / 刘耀荣，于宁主编. -- 北京 ：人民体育出版社，2021（2024.3 重印）
ISBN 978-7-5009-5995-3

Ⅰ. ①体… Ⅱ. ①刘… ②于… Ⅲ. ①体能－身体训练 Ⅳ. ①G808.14

中国版本图书馆 CIP 数据核字（2021）第 034459 号

*

人民体育出版社出版发行
北京盛通印刷股份有限公司印刷
新华书店经销

*

787×1092 16 开本 12.75 印张 266 千字
2021 年 12 月第 1 版 2024 年 3 月第 3 次印刷

*

ISBN 978-7-5009-5995-3
定价：52.00 元

社址：北京市东城区体育馆路 8 号（天坛公园东门）
电话：67151482（发行部） 邮编：100061
传真：67151483 邮购：67118491
网址：www.psphpress.com
（购买本社图书，如遇有缺损页可与邮购部联系）

编 写 组

主 编： 刘耀荣 于 宁

参 编：（按姓氏笔画为序）

于 宁 万炳军 王 刚 刘远新

刘耀荣 杜新星 张 婧

前 言
FOREWORD

近年来，体能训练已成为现代运动训练中研究的热点，其先进的训练理念和方法得到国内外体育学者、教练员与运动员的高度认可。现代体能训练高度融合了训练学和人体科学的基础知识，使体能训练从主要的身体素质训练过渡到注重神经肌肉特点、损伤预防与康复、能量代谢与恢复，以及整体专项动作结构的功能性训练等。科学的体能训练是预防损伤和提高运动成绩的关键。

本教材是我们在多年从事体能教学与训练的基础上，借鉴国内外先进体能训练理论和实践经验编写而成的。本教材编者都是从事高校体能训练教学研究、竞技运动员体能训练、青少年体能训练、警察体能研究和训练的中青年学者。书中以大量的图片和表格的形式，从理论和实践两方面介绍当前体能训练的新理念和新方法，突出教材的科学性、指导性和可操作性。

本教材可作为高等院校体育专业教材，也可作为工具书供体育教师、教练员、运动员、体育爱好者、健身人群和体能专业学生使用。书中所涉及的理论知识内容新颖，训练手段与方法丰富多样，实用性较强。

本教材由刘耀荣主持编写，参加编写的人员有刘耀荣（西安体育学院，第一章）、杜新星（西安体育学院，第二章）、万炳军（陕西师范大学，第三章）、于宁（陕西警官职业学院，第四至七章）、王刚（西安体育学院，第八章）、刘远新（西安体育学院，第九章）、张婧（陕西师范大学，第十章），最后由刘耀荣、于宁进行统稿并审定。本教材为西安体育学院继续教育特色专业建设立项教材，其编写和出版费用由特色专业建设专项经费支持。教材在编写过程中参阅了大量的文献专著，并引用了其中的材料和观点，在此谨向有关作者表示深深的谢意。西安体育学院研究生朱金涛同学为本书插图拍摄进行动作示范，何佳宁和郭鑫同学也为插图拍摄等工作做出了辛勤努力，在此一并表示感谢。

由于本书内容较多，编者受理论、实践条件和水平所限，书中难免有不妥之处，期待广大读者批评指正，以便进一步修订完善。

《体能训练》编写组

2021 年 3 月

目 录
CONTENTS

CHAPTER 1 第一章

体能训练概论

本章提要： 体能是满足人们生产生活和运动的基础，是运动训练的重要组成部分。现代体能训练高度融合了训练学和人体科学的基础知识，使体能训练从主要的身体素质训练过渡到注重神经肌肉特点、损伤预防与康复、能量代谢与再生，以及结合专项的功能性训练等方面。科学的体能训练是损伤预防和提高运动成绩的关键。本章主要对体能的概念与分类，体能训练的方法、作用及特点，以及体能训练的原则进行介绍。

第一节　体能的概念与分类

一、体能的概念

体能是指有机体在先天遗传的基础上，通过后天训练而获得的在身体形态、身体机能和运动素质方面与外界环境相结合所表现出来的综合运动能力。其大小是由机体形态结构、系统器官的机能水平、能量物质的贮备与基础代谢水平，以及外界环境等条件决定的。运动素质是体能的主要外在表现形式，在运动时表现为速度、力量、耐力、灵敏、柔韧、协调、平衡、稳定等各种运动能力。发展和提高体能的最主要手段是运动训练。

“体能”一词最早起源于西方，在英文表述中常见的词语有“physical fitness”“strength conditioning and training”等。目前著名的体能训练机构有美国体能协会（NSCA）、美国运动医学学会（ACSM）、美国体能公司 AP 等，作为提供综合体能训练、营养与恢复等服务的机构，其体能训练理念和方法备受世人瞩目。美国运动医学学会认为体能就是以人体三大供能系统的能量代谢为基础，通过骨骼肌肉系统来体现的一种运动能力，包括心肺适能、肌肉适能、柔韧度、身体成分 4 个部分。美国体能协会认为体能就是力量和其他功能性训练的总称。体能通过先天遗传和后天训练途径获得，受人体遗传和后天训练的影响。

目前体能训练已经朝专业方向发展，形成了较为系统的理论和丰富的方法体系。我国自 20 世纪 80 年代加入国际奥委会以来，越来越关注运动员的体能训练。21 世纪初，我们引入了国外的一些训练机构，不仅为中国竞技体育在2008年奥运会上获得历史性突破起到重要作用，也为我国体能训练理论的发展和创新起到巨大推动作用。国内学者普遍认为，体能是人体各器官系统的机能在体育运动中表现出来的能力，包括速度、力量、耐力、灵敏和柔韧等基本身体素质，以及在运动中表现出的走、跑、跳、投、攀、爬、支撑和翻转等基本活动能力。

从广义上来说，体能包括形态、机能及素质3个方面的状况。运动员体能发展水平是由其身体形态、生理机能及运动素质的发展状况所决定的。其中，身体形态是指反映人体生长发育状况的各阶段高度、围度、长度、宽度、充实度和四肢长度的比例等外部形态特征，以及心脏的大小、肌肉的横截面等内部形态特征，它与人体的机能密切相关。形态特征可以反映专项运动员形体的特征和优势。生理机能是指人体各内脏器官的机能状态，随着训练和竞赛强度的提高，运动中无氧供能的比例也在增大。因此，现代竞技运动中对运动员无氧供能系统的机能要求更高。运动素质是指在运动过程中，人体在中枢神经系统的支配下，在运动活动中所表现出来的身体能力和运动能力。运动素质的发展可为运动员提高运动技术水平和专项成绩奠定基础，保证运动员适应运动训练和激烈比赛中大负荷的要求。运动素质训练是竞技运动体能训练中最重要的内容。

从狭义上来说，运动员的体能水平主要通过运动素质表现出来。在运动生理学和体质研究中，体能通常是指身体功能、生理机能和运动能力，有氧和无氧能力都属于体能的范围。而体质研究中的体能更多是指身体素质和身体适应能力。古代哲学家关于“体能”类似的研究与论述对我们更深刻地理解“体能”的含义大有裨益。例如，希腊哲学家苏格拉底（Socrates）认为，人的一切活动不能脱离身体，身体必须保持高效率工作，力量与肌肉的美只有通过身体锻炼才能达到。古希腊医学家希波克拉底（Hippocrates）也认为，人类身体每部分都具有其功能，如果获得适当的体能活动，这些部分便会更加健康、发达，并且减缓退化的速度。我国古代也有许多著名教育家、科学家和医生十分强调养生术，其中主要的哲学思想是“天人合一”，其根本思想在于利用自然和锻炼来提高体能。

以上给出的体能的概念是对同一事物从不同角度，根据自身研究的需要对其内涵所作的界定。科学的概念是人们对某一事物或现象给出高度的概括。而事物是不断发展变化的，人们对事物的认识也总是逐渐深化的。因此，概念不是一成不变的，是随着事物发展而发展的。体能这一概念也将会随着人们对其认识的加深而不断得到拓展，并赋予新的内涵。

二、体能的分类

根据不同的分类标准，体能有不同的分类结果。体能分类便于加深对体能性质、结构和功能的认识。

(一) 按获得途径分类

体能的形成与发展不仅依赖于先天的遗传，而且与后天的训练环境和训练水平有很大的关系。因此，从获得的途径上，体能可划分为先天体能和后天体能。

机体的最大摄氧量水平、心脏的容积、肌纤维的类型、神经系统类型等都由遗传而来，是运动员体能形成与发展的遗传基础。先天体能具有相对不可训练性。后天体能在先天遗传特征的基础上，通过持续和适宜的训练，使机体器官在结构和功能上得到改善，在身体素质和心智能力上得到发展，从而提高体能水平。后天体能具备明显的可训练性，其训练程度受神经肌肉发育水平、训练条件、训练方法和训练内容等方面的影响。

(二) 按供能形式分类

从人体的供能形式上，体能可划分为无氧体能和有氧体能。

人体在运动时，能量供应主要有有氧供能和无氧供能两种方式。两种供能方式在各类运动中所占比例不同，但二者共同参与各类形式的运动。当机体进行有氧供能为主的运动时，同时也有无氧供能形式的存在，如在球类运动、长跑、竞走、马拉松等项目中，主要以有氧代谢供能，但也存在糖酵解等无氧供能成分。而以无氧代谢供能为主的项目中也有有氧供能的存在，如冲刺、加速、跳跃、投掷等速度或爆发力项目中，主要以无氧代谢系统供能，但同时也存在有氧供能的成分。有氧代谢是无氧代谢的基础，有氧代谢可以促进磷酸肌酸和肌糖原合成。

运动时人体以何种方式供能，取决于运动性质及需氧量与摄氧量之间的关系，当摄氧量能满足运动对氧的需要时，机体以有氧代谢供能为主；当摄氧不能满足需氧量时，其不足部分依靠无氧氧化供能，产生乳酸。运动时的需氧量取决于运动强度，强度越大，需氧量越大，无氧代谢供能的比例也就越大。在一些项目中，代谢水平的高低直接决定着专项运动成绩的高低。

(三) 按与专项关系分类

从体能与运动专项关系的角度，体能可划分为一般体能和专项体能。

一般体能是指保持运动员身体健康状况，以及基础身体素质和基本运动能力的体能。它包括运动员在训练中所表现出来的速度、力量、耐力、柔韧、协调、灵敏、平衡和稳定等素质。一般体能由一般身体训练获得，在一般体能训练中，运用多种多样的非专项的身体训练手段和方法，发展人体各组织、器官和系统的机能水平，促使运动员身体素质和心理素质全面提高，为专项体能训练打好基础。基础体能可以为运动员长期承受大负荷训练和大负荷训练周期的恢复能力，以及长期训练中的心理承受能力提供基础。

专项体能是指符合竞技运动专项特征和要求的体能。它一般指运动员在比赛中所表现出来的运动能力，在比赛中始终保持正常技术动作和完成战术配合的能力，在比赛间歇快速从疲劳中恢复的能力，在比赛中自始至终保持高度的注意力、情绪稳定性和意志力等心理能力。运动专项不同，其专项体能特征和要求也有明显的不同。专项体能由专项身体训练所获得。在专项体能训练过程中，采用与专项技术结构和发力方式相符的专门身体练习或与专项技术及战术要求相符的专门练习，目的是改善与专项运动成绩直接相关的身体素质和心智能力，以保证运动员掌握合理的专项技术、战术，并能在比赛中有效运用。

一般来说，一般体能与专项体能既相互联系又相互区别。一般体能是专项体能的基础，没有良好的一般体能，很难表现出良好的专项体能。专项体能是符合竞技运动本身需要的专项能力，建立在一般体能基础上，但又不等同于一般体能。在比赛中，专项体能会受比赛环境等多种因素影响，运动员心理活动的强度和对抗激烈性都是在平时训练中难以达到的。

（四）按社会功能分类

从社会功能上，体能可划分为日常生活体能、大众健身体能和训练体能。

日常生活体能体现的是人们在日常生活中最基本的身体能力需求，要求人体在多方位具有一定的身体能力和生活能力，否则在日常生活中就不能支持正常生活需求。大众健身体能体现的是人们为了提高自己的生活质量或适应工作与环境的需要，而进行有意识的身体练习。大众健身体能是体育锻炼效果的反映，一般包括两种：一是有意识的身体锻炼，它主要是以提高身体素质和增强体质为目的；二是以休闲、娱乐为载体有目的改善身体机能的活动。训练体能是人们对身体能力表现要求最高的一种体现。它体现的是竞技能力的要求，主要集中在与竞技能力有关的速度、力量、耐力、灵敏、柔韧、协调、平衡、稳定等运动素质上。训练体能的核心是训练负荷，通过对人体施以大强度的运动负荷使其机体产生不断适应，以此提高人体的运动潜能，为发挥专项技能与战术提供有力的保证。

第二节　体能训练的方法、作用及特点

一、体能训练的方法

体能训练的方法是在体能训练活动中，提高体能水平、完成训练任务的途径和措施，是对体能训练过程中各种训练方式或办法的概括与表述。正确地认识和掌握不同体能训练方法的功能和特点，有助于运动员顺利地完成运动训练过程不同时期的体能训练任务，有效控制运动员的体能发展过程和水平。

构成体能训练方法的主要因素包括练习动作及其组合方式、运动负荷及变化方式、过程安排及变化方式、外部条件及变化等。其中，练习动作及其组合方式主要是指运动员为完成具体训练任务而进行的身体训练，以及各个练习之间固定或变异的组合方式；运动负荷及其变化方式主要是指对训练过程的时间、人员的组织、器材的分布、内容的选择、练习步骤等因素的安排及其变化形式；外部条件及变化方式主要是指训练气氛、训练场地、训练设备、训练器材、训练工具等因素的影响及其变化方式。

（一）分解训练法

分解训练法是指将完整的技术动作或战术配合过程合理地分成若干环节或部分，然后按环节或部分分别进行训练的方法。在体能训练中可把运动员的体能分解成各个部分，然后对每个组成部分进行针对性的训练。例如，教练员将体能训练分解成有氧耐力训练、爆发力训练、核心力量训练等。

（二）综合训练法

综合训练法是指将技术训练、战术训练和体能训练结合起来的体能训练形式。综合训练法的另外一种形式是将力量、速度、耐力、柔韧、灵敏训练有机地结合起来。综合训练法便于运动员完整地掌握比赛实用技术和战术配合，从而在技战术训练中达到体能训练的目的。例如，在足球技战术训练中，利用综合训练法发展专项体能。

（三）重复训练法

重复训练法是指重复同一练习，两次（组）练习之间安排相对充分的间歇时间的练习方法。构成重复训练法的主要因素有单次（组）练习的负荷量、负荷强度及每两次（组）练习之间的休息时间。

重复训练法按训练内容可分为短时、中时和长时重复方法 3 种类型。短时重复训练法通常适用于 ATP-CP（磷酸盐系统）供能条件下的爆发力强、速度快的运动技术和运动素质训练，如抓举练习。其特点是练习的负荷时间短，负荷强度大，动作快，间歇时间充分，动作结构稳定。中时重复训练法通常适用于无氧糖酵解供能条件下的运动技术、战术和素质训练，如 400 m 跑、对抗类项目的组合训练等。长时重复训练法主要适用于无氧、有氧混合供能系统条件下的体能训练，如球类项目技战术训练等。

（四）间歇训练法

间歇训练法是指对多次练习时间间歇做出严格规定，使机体处于不完全恢复状态下，反复进行练习的训练方法。

间歇训练分为高强性、强化性和发展性间歇训练方法。高强性间歇训练方法主要是用于发展 ATP-CP、糖酵解供能系统的供能能力，以及糖酵解供能混合代谢系统的供能能力。强化性间歇训练方法主要适用于发展运动员糖酵解供能代谢系统与有氧代谢系统混合供能能力，以及心脏功能。发展性间歇训练方法是发展有氧代谢系统供能能力，以及心血管机能的一种重要训练方法。

（五）持续训练法

持续训练法是指负荷强度较低、负荷时间较长、无间断地连续进行练习的训练方法。持续训练主要用于发展一般耐力素质。

持续训练法可分为短时、中时和长时持续训练方法。短时持续训练方法广泛应用于各种素质训练中，特别适用于高强度的速度和速度耐力训练。中时持续训练方法普遍适用于有氧和无氧结合的耐力性训练。在实践中，中时持续训练方法具有两种典型的练习形式，即匀速持续训练和变速持续训练。匀速持续训练是一种典型的以发展有氧代谢系统供能能力为目的的训练方法，变速持续训练是一种强制性的以发展有氧与无氧代谢系统混合供能能力为目的的训练方法。长时持续训练方法对于发展有氧耐力具有重要作用。长时持续训练方法具有 3 种典型的变化形式，即匀速持续训练、变速持续训练和法特莱克训练。匀速持续训练与变速持续训练的差异在于负荷强度和负荷时间。法特莱克训练是通过变化地形和速度等形式发展有氧与无氧代谢系统混合供能能力的训练方法。

（六）变换训练法

变换训练法是指变换运动负荷、练习内容、练习形式以及条件，以提高运动员积极性、适应性及应变能力，增加趣味性的训练方法。

依变换的内容可将变换训练法分为 3 种，即负荷变换、内容变换和形式变换训练方法。体能训练中通常采用变换训练负荷的训练方法，通过增加和减少负荷量来发展机体某一运动机能或运动素质，或加速体能恢复进程，通过负荷强度的变化提高机体承受能力，从而产生超量恢复和训练适应。另外，在训练内容和形式上通过变换，可以增加训练兴趣，改变不同部位力量负荷，全面提高身体素质。

（七）循环训练法

循环训练法是指根据训练的具体任务，按练习手段设置为若干个练习站，运动员按照既定的顺序和路线，依次完成每站练习任务的训练方法。循环练习法的结构因素包括每站的练习内容、每站的运动负荷、练习站的安排顺序、练习站之间的间歇、每个循环之间的间歇、练习的站数与循环练习的组数。

循环训练法可分为循环重复训练、循环间歇训练、循环持续训练方法。循环重复训练方法可将技术训练和运动素质与代谢系统的训练融为一体，使之共同提高。循环重复训练方法可以提高该类运动员的磷酸盐系统的贮备和供能能力，提高运动员有关肌群的收缩速度和爆发力。循环间歇训练方法可有效地提高运动员糖酵解系统及其与有氧代谢系统混合供能能力，能有效地提高在该供能状态下的速度耐力及力量耐力。循环持续训练方法可以提高运动员有氧代谢系统供能能力，增加运动员持久的对抗能力、攻防转换能力、在疲劳状态下连续作战的能力，有效地提高有氧工作强度，以及有氧代谢供能状态下的力量耐力。

（八）比赛训练法

比赛训练法是指在近似、模拟或真实、严格的比赛条件下，按比赛的规则和方式进行训练的方法。比赛训练可以激发运动员的训练激情，提高运动负荷强度和运动员的心理承受力，强化技战术水平。通过比赛检验训练水平，积累经验，使训练与实战紧密结合起来。

二、体能训练的作用

（一）熟练掌握与应用专项技战术的基础

要想具有高超的运动技术，并能在比赛中灵活运用战术，运动员要有强大的力量、突出的爆发力、良好的反应和位移速度、适宜的专项柔韧性，以及快速运动的协调能力和灵敏能力。体能训练能使运动员有机体各器官系统的结构与功能、身体素质和心智能力得到协调发展，从而具备从事专项竞技运动的潜能。

由此可见，只有在充分发展各项身体素质的基础上，才能很好地掌握复杂的技术，灵活运用先进的战术。体能是运动员熟练掌握专项技术的基础，是灵活应用战术的保证。不同的专项运动需要不同的体能来高质量地完成技术和战术，不同的体能赋予技术和战术不同的功效。

（二）提高承受更大训练负荷和高强度比赛的能力

现代体育竞赛活动频繁，竞争异常激烈。运动员要想在重大比赛中创造优异成绩，只有通过长期系统的超大负荷训练，才能使机体得到适应性改善，才能明显提高专项技术和战术，进而在高强度比赛中娴熟且有效地运用专项技术和战术，取得优异成绩。

大负荷的训练和高强度的比赛依赖于运动员的良好体能。没有超常体能基础，运动员既不能完成大负荷的运动训练，更无法完成对抗激烈的比赛。只有通过系统而坚实的体能训练，才能使运动员在不断加大负荷的情况下，承受训练和比赛对机体的一切要求。

（三）提高运动竞技能力和水平

良好的竞技水平是运动员取得优异成绩的首要条件，良好竞技能力的获得是由身体形态、器官机能、身体素质、技战术水平、心智能力等因素决定的。体能训练在改善各器官机能，提高运动员身体素质和技战术的同时，也会改善运动员的心理素质，提高运动员的心智水平。良好的体能能保证运动员在激烈的比赛对抗中保持技战术优势，保持良好的心态，为创造优异成绩奠定基础。

（四）促进身体健康，预防伤病，延长运动寿命

良好的健康状况是运动员从事运动训练的必要条件，是系统训练的根本保证。体能训练能有效地改善和提高运动员中枢神经系统和身体各器官系统机能，增强骨骼、肌肉、肌腱和韧带的运动功能，有利于克服和改善人体生物惰性，促使人体新陈代谢，进而能够有效地提高机体对外界环境的适应能力和对疾病的抵抗能力，从而有效地促进运动员的身体健康，预防伤病，延长运动寿命。

现代体能训练必须在避免运动员损伤的基础上，提高专项运动成绩。

三、体能训练的特点

从本质上讲，体能训练是一种基础训练，体能水平的高低决定着竞技运动水平的高低。目前的体能训练已经与专项能力训练紧密结合在一起，成为推动专项成绩提高的重要保障。体能训练的特点突出表现在以下 4 个方面。

（一）体能训练适应的普遍性

运动员在体能训练过程中，器官组织的形态、各系统的机能、身体素质、技战术和心理过程等方面都能发生训练适应现象。所有项目都需要体能作为基础，身体能力会对训练产生适应，全面的高水平的体能是运动的基础。

（二）体能训练适应的针对性

在体能训练过程中，不同性质的运动负荷可引起运动员机体特殊的适应性变化，具有明显的针对性。在体能训练过程中，神经肌肉会对训练产生特异性变化。经常从事耐力训练的人，会在持久性运动中表现出较长的有氧和肌肉耐力。而爆发力的训练会使运动员动作速度加快，提高快速发力的能力。

（三）体能训练适应的异时性

在体能训练过程中，运动员机体由于运动训练而产生的适应性变化需要一定的时间，而机体各方面的训练适应现象出现的时间也有所不同，机能的适应性变化往往先于结构的适应性变化。身体能力在不同的时间段，会表现出不同的变化。体能训练要抓住各阶段身体素质发展的敏感期，才能取得长足发展。

（四）体能训练适应的连续性

在体能训练过程中，运动员机体训练适应的产生和发展是一个连续的过程，由于机体在各种竞技能力方面的训练适应具有异时性的特点，因此机体的全面适应以渐进积累的方式形成。例如，在力量训练中，前期力量的增加可能主要取决于神经肌肉协调用力能力的增加，而持续力量的增加则取决于肌肉体积的增大。如果要在某一方面取得显著性变化，则必须持续一定的时间。

第三节 体能训练的原则

体能训练是一种专门组织的教育过程。体能训练原则是人们对体能训练客观规律的认识与反应，是体能训练实践普遍规律和基本经验的概括与总结，是进行体能训练必须遵循的准则。

（一）系统性原则

系统性原则是指运动员开始从事训练到创造优异成绩，直至运动寿命终结的长期过程中，都应按照体能发展的内在规律，做出相应的合理规划，持续不断地进行训练。系统性原则要求对整个训练过程的体能训练不仅要系统规划，对多年训练不同发展阶段的体能训练，从内容、比重、手段、负荷等方面也应做出系统安排，尤其是在青少年时期及达到高水平成绩之后，更应周密考虑。人体的生长发育在不同年龄阶段具有不均衡性，青少年时期运动素质会表现出发展的“敏感期”，应抓住在此阶段的有利时机，实施相应内容的体能训练，促使其最大限度发展，充分挖掘运动素质潜力，为创造高水平成绩打下基础。而当达到高水平成绩后，运动员有机体形态、机能的改造已相当完善，运动素质的提高处于相对稳定状态，这就需要细致考虑，寻找进一步发展的可能性。

（二）全面性原则

全面性原则是指在发展专项运动技能的前提下，全面安排和充分发展运动员的各项运动素质，特别是儿童和青少年时期，更应全面发展运动素质，提高一般身体机能水平，以促进专项成绩的全面提高。全面性原则的主要依据有以下 3 点。

第一，广泛的、全面发展的运动素质和全面提高的身体机能能力，是达到高水平专项运动技术的基本前提和基础。

第二，人体各器官系统之间是相互依赖的，训练后人体产生的各种变化也是相互依存的。发展运动素质要求人体若干系统的同时介入。因此，在训练过程中，必须采用正确的全面发展运动素质的方法，使发展技术与战术技能所要求的所有形态与机能能力都得到高水平全面发展。

第三，要达到高水平的运动成绩，必须在早期训练阶段全面提高运动素质。因为各运动素质的发展是相互影响、相互制约的，所以运动素质和运动技能的转移需要一定的基础条件，专项运动素质和技能也需要建立在一般运动素质的基础上。只有全面安排才会创造出这种条件和可能，使专项所需的一切得到充分发展。全面性原则主要适用于儿童和青少年训练时期。全面发展运动素质并不意味着运动员的全部训练时间都用于这种训练。相反，随着运动员素质的日臻成熟，运动水平的不断提高，其训练也应朝着更为专项化的方向发展。此外，进行全面体能训练还能减少高度专项化的枯燥感，提高运动员的练习兴趣，对专项训练起调节作用。

（三）结合专项原则

结合专项原则是指在一般发展的基础上，体能训练必须根据各运动项目的技术、战术和专项能力特点充分发展专项所需的运动素质，以促进运动员直接创造优异的专项运动成绩。其主要依据包括：首先，体能训练的作用集中体现在创造优异专项成绩这一终极目标上，因此体能训练不能偏离运动专项。其次，结合专项进行体能训练，能使运动员在身体形态和机能方面对该运动项目的特殊要求产生适应，有利于提高专项成绩。再次，许多项目运动员年轻化的趋势也迫使体能训练必须结合专项练习。鉴于上述原因，我们必须科学地确定体能训练和专项训练的比例；体能训练的内容和手段必须突出重点，并结合专项需要；要确定和充分发展与专项有关的最重要的运动素质和机能，做到有针对性练习。由于不同项目具有不同的专项特点，体能训练必须把握专项核心要素，与专项技战术有机结合起来，才能实现体能训练的目的。

（四）从实际出发原则

从实际出发原则是指体能训练的安排要因人、因项、因时而异，要从训练对象的个人特点、比赛要求、训练条件等实际情况出发。从实际出发原则要求体能训练必须要有针对性，要紧紧围绕提高专项成绩和技术水平这一最终目标进行。同时，要根据运动员的主观和客观条件以及专项需要，合理确定和安排体能练习的内容与负荷。此外，还应确保运动员的运动素质在各个方面按比例平衡发展，以适应运动技术水平的要求。

（五）适宜负荷原则

适宜负荷原则是指根据运动员的实际情况和人体机能对训练的适应规律，以及提高运动员竞技能力的需要，在训练中安排相应的负荷量，以取得理想训练效果的原则。

运动员在训练中承受了一定的运动负荷后，必然会产生相应的训练效应。因此，科学合理地安排训练量、强度及训练手段意义重大。实践中，要根据训练对象水平、训练目的任务逐步且有节奏地按照人体机能适应规律加大运动负荷，直至最大限度，但负荷的递增要在一定的生理变化范围内。训练中应遵循“刺激—适应—再刺激—再适应”的规律安排训练负荷。

思考题：

1. 简述体能的概念。
2. 列举体能训练的方法。
3. 结合你熟悉的专项实践，谈谈如何安排训练负荷。

CHAPTER 2 第二章

体能测试与评价

本章提要： 无论是优秀运动员的体能训练，还是普通人群的日常健身，测试与评估不同阶段的身体机能、运动能力和体能水平是制订训练计划、控制训练过程的基础。体能测试与评价对于了解运动员训练水平是否提高，判断运动量是否合适、运动后的恢复状态及训练效果都具有重要的意义。本章主要介绍体能测试与评价的意义、体能测试的具体指标与方法，以及体能训练效果的评价。

第一节　体能测试与评价的意义

一、体能测试与评价的基本要素

在进行体能测试时，教练员必须根据自己的运动科学知识和运动实践经验来判断测试项目的有效性和可靠性。在测试时，还要考虑受试者的代谢特点、专项技术特点、运动经验、训练状态、年龄、性别及环境因素等。

1. 有效性

有效性是指一个测试结果在多大程度上反映了所想要测量的指标，这是测试最重要的特点。

2. 可靠性

可靠性是评估稳定性或良好性的指标。一个运动员在身体能力没有变化的情况下进行两次相同的测试，测试可靠性越高，那么两次结果的一致性越好。如果测试可靠性欠佳，则会出现两次测试存在较大差异。如果想完成一次有效测试，它必须可靠。如果测试的稳定性不好，那么测试的意义就不大。

二、体能测试与评价的意义

1. 有利于发现运动员体能薄弱环节，提高运动员的健康水平

合理的体能测试，可以使教练员对运动员的训练水平有一个全方位、客观和理性的认识，发现运动员的优势和薄弱环节，这样在制订针对性的体能训练计划时可以进一步巩固优势，同时努力提高薄弱环节，使运动员的整体体能状况得到均衡发展。这对提高运动员竞技能力，预防运动员损伤都有非常重要的意义。

2. 有利于设定合理的训练目标，评价训练效果

测试的基础值可作为体能训练的初始值，作为此后严格训练目标管理的原点设置，教练员能够根据测试情况为每个运动员设定可行的个体目标。设定合理的训练目标非常重要，目标设置可以为训练提供目的、方向，激发运动员内在动机，提升他们的自信心和责任感。定期的阶段体能测试可以跟踪运动员的进步情况，评定体能训练效果，检验训练计划制订的有效性。

3. 有利于体育科学研究和部门决策的制定

在运动训练实践中，对运动员体能的训练进行有目的、有计划、周密的设计，并有效地使用各种方法和手段进行监测和评价，既可以提高教学和训练的科学性，又可以从长期积累的数据资料中总结和发现规律，以此来提高教练的业务水平和科研能力，从而提升体育科研部门的工作水平。例如，体能训练过程中对体能评定的各种考核标准的制定、评价模式的建立、运动成绩的预测和选材等，都必须借助各种评价方法和手段，才能获得科学的评价效果，在这个过程中大幅提高了教练或体能训练研究者的科研能力。这样在制订运动员体能训练计划时，可减少主观性和盲目性，提高决策的正确性和科学性。

三、体能测试的顺序

要根据运动科学的知识来确定测试的顺序及间歇时间，以保证测试的可靠性。例如，引起磷酸盐耗竭的运动需要 3~5 min 完全恢复，引起乳酸最大堆积的运动需要至少 1 h 才能完全恢复，而长时间的有氧测试一般要 1 天后才能进行重复测试。当进行多次测试或者采用组合测试模式时，一定要保证运动员充足的恢复时间。

一般情况下，应按照以下顺序安排测试。

第一，无疲劳测试（身高、体重、形态、柔韧、体成分、纵跳等）。

第二，灵敏性测试（T 测试、伊利诺斯测试等）。

第三，最大功率和最大力量测试。

第四，肌肉耐力测试。

第五，无氧耐力测试。

第六，有氧耐力测试。

第二节　体能测试与评价的方法

本节所讨论的测试指标是竞技体能训练结构中的共性要素，并没有列出所有测试指标。下面重点讨论的是竞技体能训练实践中较新的和被广泛应用的测试指标和方法。

一、功能动作筛查（FMS 测试）

（一）功能动作筛查简介

功能动作筛查（Functional Movement Screen，FMS）是一项包含 7 个基本动作的运动损伤风险筛查测试，通过观察运动员完成规定动作的质量，体能训练师可以快速地发现他们的身体在灵活性、稳定性或神经-肌肉控制力等方面存在的问题，然后通过设计合理的纠正动作练习来矫正运动过程中存在的缺陷，从而重建动作模式，并降低运动损伤风险。

1. 基础知识简介

正确执行功能性运动筛查必须熟知以下骨骼结构或体表标志。

- 胫骨粗隆：可在膝关节前面下方皮下隆起处触及，屈膝时更明显。
- 髂前上棘：指髂嵴的前端。
- 外踝和内踝：外踝指腓骨下端向外的骨突，内踝指胫骨下端向内的骨突。
- 远侧腕褶痕：自手指向身体方向最远的腕部褶痕。
- 膝关节中线：髌骨上缘和髌尖的中线。

2. 所需器材

可以购买 FMS 测试套装，或自制测试工具，但需要符合以下要求。

- 一支 4 英尺（约 1.2 m）长杆。
- 2 支短杆。
- 1 块 2 英尺×6 英尺（约 0.6 m×1.8 m）测试板。
- 1 条弹力绳。

3. 筛查人员位置

筛查时，筛查人员观察受试者动作应当注意距离和位置。这样做有助于观察筛查过程中的细节。

(二) 功能动作介绍

1. 深蹲（Deep Squat）

图 2-2-1　深蹲

测试目的： 深蹲可用于测试髋、膝、踝两侧对称的功能灵活性和稳定性。横杆举过头顶的动作可以测试肩关节、肩胛区、胸椎的灵活性和稳定性。

测试说明： 首先让受试者保持双脚间距离与肩部同宽站立。双脚保持平行对称，脚尖不向外。受试者将横杆置于头顶上，调整双手位置，使肘与杆呈 90°角。接着让受试者双臂伸直。指示受试者慢慢下蹲至尽可能低的姿势，保持双侧脚后跟着地，身体面向前方抬头挺胸，横杆尽可能高地举过头顶。双膝与双脚在同一垂直面内，双膝不得外翻（图 2-2-1）。测试时，可重复做 3 次该动作，但如果第一次完成动作即达到 3 分标准，则无须重复。在使用测试板的情况下，未能达到 2 分标准，则评分为 1 分。

评分标准： 评分分为 3 分、2 分和 1 分。

（1）3 分标准（图 2-2-2）。

（A）　　（B）

图 2-2-2　3 分标准

- 躯干与胫骨平行或趋于与地面垂直。
- 股骨位于水平面以下。
- 双膝与双脚呈一条直线。
- 横杆在双脚正上方保持水平。

（2）2 分标准（图 2-2-3）。

（A）　（B）

图 2-2-3　2 分标准

- 脚跟下垫上测试板后按照 3 分标准要求完成动作。

（3）1 分标准（图 2-2-4）。

（A）　（B）

图 2-2-4　1 分标准

- 脚跟下垫上测试板后无法按照 3 分标准要求完成动作。
- 注意：若测试过程中出现疼痛，则受试者该项测试评分为 0 分。

2. 跨栏架步（Hurdle Step）

测试目的：跨栏架步动作不仅可以测试髋部两侧、双膝、双踝的灵活性和稳定性，还便于测试人员观察受试者的运动功能是否对称，从而测试骨盆和核心的稳定性和控制力。

测试说明：首先测量受试者胫骨长度，将胫骨粗隆中点作为测量标志点。让受试者右脚外侧靠在栏架底部，右腿与栏架的一条竖杆平齐，以此调节栏架高度。将栏架的弹力绳滑至胫骨粗隆中点所在高度，然后调节栏架另一短杆的弹力绳至相同刻度，使两支竖杆的弹力绳位于相同的刻度。另一种度量方法是用横杆测量地面至胫骨结节的高度，再将弹力绳移至相同高度。让受试者站在栏架中心的正后方，双脚并拢，脚尖平齐并轻触栏架底部。将横杆水平置于肩后、颈部下方。要求受试者腰背挺直跨过栏架，脚跟着地，再回到起始姿势。受试者在完成跨栏架步动作时应缓慢、受控。若受试者的动作有任何一方面未达 3 分标准，则评为 2 分。若受试者的动作有任何一方面未达 2 分标准，则评为 1 分。

评分标准：评分分为 3 分、2 分和 1 分。

（1）3 分标准（图 2-2-5）。

（A）　　（B）

图 2-2-5　3 分标准

- 髋、膝及踝在矢状面上保持平齐。
- 腰部几乎没有明显移动。
- 双手握测试杆与地面保持平行。

（2）2 分标准（图 2-2-6）。

（A）　　（B）

图 2-2-6　2 分标准

● 髋、膝及踝在矢状面上不能保持平齐。
● 腰部出现较大晃动。
● 双手握测试杆与地面无法保持平行。

（3）1 分标准（图 2-2-7）。

（A）　　　　　　（B）

图 2-2-7　1 分标准

● 脚碰到弹力绳。
● 身体失去平衡。
● 注意：若与测试相关的部位出现疼痛，则受试者的评分为 0 分。

3. 直线弓箭步（In-Line Lunge）

测试目的：直线弓箭步动作可以对左右躯干及下肢运动功能进行快速评估，还可以检查髋、膝和踝关节的灵活性和稳定性，同时检查背阔肌和股直肌等多关节肌的灵活性。

测试说明：测量地面至胫骨粗隆顶端中点的高度，以确定受试者的胫骨长度，或通过跨栏步测试时栏架竖杆的刻度获取胫骨长度。嘱受试者将后脚脚尖放在测试板刻度线的起始线上。根据胫骨长度，将受试者的前脚脚跟放在测试板刻度线相应刻度处。将横杆竖起置于后背部，轻触头、胸背脊椎和骶骨。受试者与前脚不同侧的手应在颈椎后面握住横杆。另一只手则在腰椎后面握住横杆。横杆在测试的整个下压和恢复过程中必须保持与地面垂直。受试者须降低后膝触碰前脚脚跟后方的板，然后恢复到起始姿势，才算完成直线弓箭步动作。若受试者的动作未达 3 分标准，则评为 2 分；未达 2 分标准，则评为 1 分。

评分标准：评分分为 3 分、2 分和 1 分。

（1）3 分标准（图 2-2-8）。

（A）

（B）

图 2-2-8　3 分标准

- 横杆始终与身体接触。
- 横杆保持与地面垂直。
- 躯干保持稳定。
- 横杆与双脚保持在同一矢状面。
- 后膝触碰到测试杆。

（2）2 分标准（图 2-2-9）。

（A）

（B）

图 2-2-9　2 分标准

- 横杆未能始终与身体接触。
- 横杆未能保持垂直。
- 躯干出现明显晃动。
- 横杆和双脚未能保持在同一矢状面。
- 后膝无法触碰到测试板。

(3) 1 分标准（图 2-2-10）。

（A）　　　　　　　　　　（B）

图 2-2-10　1 分标准

- 身体失去平衡。
- 无法完成该动作模式。
- 注意：若与测试相关的部位出现疼痛，则受试者的评分为 0 分。

4. 肩部灵活性（Shoulder Mobility）

测试目的： 肩部灵活性动作可以检测肩关节区域、胸椎、胸廓在上肢相对的肩部运动中是否保持自然对称。通过该动作测试可以观察颈椎及胸椎的代偿动作，检查肩关节是否存在疼痛症状。

测试说明： 首先，测量受试者腕褶痕远端与最长手指尖端的长度。受试者双脚并拢站立，双手握拳，拇指在四指内。然后让受试者一拳伸到后颈处，同时另一拳伸到后背处，一侧肩膀尽可能地向外伸展、收拢，另一侧肩膀尽可能地向内扭转、收拢。测试期间，手必须保持握拳，动作连贯。测量受试者两手相距最近两点之间距离，此距离即反映受试者肩关节灵活度的大小。受试者左右手互换姿势，共有 3 次机会完成肩部灵活性测试。受试者的动作有任何一方面未达 3 分标准，则评为 2 分；受试者的动作有任何一方面未达 2 分标准，则评为 1 分。

评分标准： 评分分为 3 分、2 分和 1 分。

（1）3 分标准（图 2-2-11）。

● 双拳距离小于一个手长。

图 2-2-11　3 分标准

图 2-2-12　2 分标准

（2）2 分标准（图 2-2-12）。

● 双拳距离小于 1.5 个手长，大于 1 个手长。

（3）1 分标准（图 2-2-13）。

● 双拳距离超过 1.5 个手长。

● 注意：若与测试相关的部位出现疼痛，则受试者的评分为 0 分。

排除性测试 1　肩部碰撞测试（Impingement Test）

测试说明：肩部灵活性测试中含有一个排除性测试。该测试不计入评分，用于观察肩部疼痛症状（图 2-2-14）。如果受试者感觉到疼痛，则记录为阳性（+），评分计为 0 分。受试者两侧均要进行肩部碰撞测试。

图 2-2-13　1 分标准

图 2-2-14　肩部碰撞测试

测试要点：

● 双脚并拢站直，双臂自然下垂。

- 右手握住左肩，手掌放在左肩前方。
- 保持手掌位置不动，将右肘尽可能向上抬起，询问受试者　是否存在疼痛。
- 然后换为对侧进行测试。

5. 主动直膝抬腿（Active Straight Leg Raise）

测试目的：主动直膝抬腿不仅可以识别髋关节屈曲的主动灵活性，还可以判断运动中身体核心的初始稳定性和持续稳定性，以及另一侧髋关节的灵活性。完成该动作时一方面可考察腘绳肌肌腱和小腿三头肌的柔韧度，另一方面可检验受试者保持骨盆的稳定性及核心稳定时下肢分离的能力。

测试说明：受试者仰卧，两臂侧放，手掌朝上，头部平放于地面。双膝下放置测试板。双脚呈中立位，脚掌与地面垂直。将横杆放置在髂前上棘和膝关节中线中间，与地面垂直。接着，让受试者抬起测试一侧腿，同时保持该侧下肢的踝、膝初始姿势不变。活动腿上抬到最高点时，非活动腿保持中立位不移动。若活动腿踝骨垂直线超过横杆，则记录为 3 分；若活动腿踝骨垂直线未超过横杆，则像移动铅垂线一样移动横杆，观察活动腿踝关节垂直线是否超过非活动腿膝关节中线，超过则记录为 2 分；若活动腿踝骨垂直线未超过非活动腿膝关节中线，则记录为 1 分。两侧均须完成主动直膝抬腿测试，每侧有 3 次机会。若受试者的动作未达 3 分标准，则评为 2 分。若受试者未达 2 分标准，则评为 1 分。

评分标准：评分分为 3 分、2 分和 1 分。

（1）3 分标准（图 2-2-15）。

- 踝骨垂线落在大腿中部和髂前上棘（ASIS）之间 。
- 非活动下肢保持中立位。

（2）2 分标准（图 2-2-16）。

- 踝骨垂线落在大腿中部和膝关节线之间。
- 非活动下肢保持中立位。

图 2-2-15　3 分标准

图 2-2-16　2 分标准

（3）1 分标准（图 2-2-17）。

● 踝骨垂线落在膝关节线以下。

● 非活动下肢保持中立位。

● 注意：若与测试相关的部位出现疼痛，则受试者的评分为 0 分。

图 2-2-17　1 分标准

6. 躯干稳定俯卧撑（Trunk Stability-Push Up）

测试目的：躯干稳定俯卧撑是一种特殊的单次俯卧撑练习，主要反映核心稳定性。

测试说明：受试者俯卧，两臂伸展过头顶。男性受试者和女性受试者的初始姿势不同。男性受试者双手拇指放在前额顶端，而女性受试者双手拇指放在下颌位置。然后根据评分标准，将拇指下移到下颌或肩膀位置。双膝完全伸展，双脚并拢呈中立位，脚掌与地面垂直。要求受试者以此姿势完成一次俯卧撑。应将身体整体推起，测试过程中脊柱不得左右摆动。若受试者不能以此姿势完成一个俯卧撑，则让受试者将双手下移，换为更轻松的姿势。躯干稳定俯卧撑最多有 3 次测试机会。若受试者的动作有任何一方面未达 3 分标准，则让受试者将双手移至更轻松姿势，测试受试者能否达到 2 分标准。若受试者未达 2 分标准，则评为 1 分。

评分标准：评分分为 3 分、2 分和 1 分。

（1）3 分标准（图 2-2-18）。

（A）　　（B）

图 2-2-18　3 分标准

● 男性受试者完成拇指与前额顶端平齐姿势的一次动作。

● 女性受试者完成拇指与下颌平齐姿势的一次动作。

● 受试者将身体整体撑起，脊柱未弯曲。

（2）2 分标准（图 2-2-19）。

（A）　　（B）

图 2-2-19　2 分标准

- 男性受试者完成拇指与下颌平齐姿势的一次动作。
- 女性受试者完成拇指与锁骨平齐姿势的一次动作 。
- 受试者将身体整体撑起，脊柱未弯曲。

（3） 1 分标准。

- 男性受试者无法完成拇指与下颌平齐姿势的一次动作。
- 女性受试者无法完成拇指与锁骨平齐姿势的一次动作。
- 注意：若与测试相关的部位出现疼痛，则受试者的评分为 0 分。

排除性测试 2 伏地起身测试（Prone Press Up Test）

测试说明：观察受试者疼痛反应，如果受试者感到疼痛则记录为阳性（+），同时将整个躯干稳定俯卧撑测试评分记为 0 分，并执行更为全面的评估或推荐受试者前往医疗机构（图 2-2-20）。

图 2-2-20 伏地起身测试

测试要点：

- 腹部贴地俯卧，双手置于肩膀下，手掌朝下。
- 下肢保持不动，双肘慢慢伸直，尽力使胸部远离地面。
- 询问受试者是否有疼痛感。

7. 躯干旋转稳定性（Rotary Stability-Quadruped）

测试目的：躯干旋转稳定性动作要求受试者通过上下肢协同运动检查骨盆、身体核心及肩带稳定性。它能展示冠状面和矢状面上的躯干稳定性能力，并反映基本攀爬动作中躯干灵活性和稳定性的协调作用。

测试说明：受试者四肢着地，在受试者的双膝与双手之间放置测试板。脊柱与板平行，双侧肩、髋关节与躯干呈 90°角，双脚勾脚尖，脚掌与地面垂直。在开始运动前，双手张开，双手拇指、双膝、双脚均与板接触。受试者收肩，同时伸展同侧肘和膝关节，然后将肘关节与膝关节相互触碰，并保持身体与板对齐。允许受试者将肘关节和膝关节靠拢时弯曲脊柱。须测试两侧肢体，如有需要，两侧最多可进行 3 次测试。成功完成一次动作后无须再重复。若受试者未能达到 3 分标准，则要求受试者完成一次对侧模式测试，即使用对侧的肩和膝触碰完成上述动作。在对侧模式中，肘关节与膝关节伸直时与地面平行，触碰时应在测试板上方。

评分标准：评分分为 3 分、2 分和 1 分。

（1）3 分标准（图 2-2-21）。

● 正确完成一次同侧动作。

● 同侧肢体保持在板上方。

（A）

（B）

图 2-2-21 3 分标准

（2）2 分标准（图 2-2-22）。

● 正确完成一次对侧动作。

● 异侧膝关节和肘关节于板上方触碰。

（A）

（B）

图 2-2-22 2 分标准

（3）1 分标准（图 2-2-23）。

● 无法完成对侧动作。

（A）

（B）

图 2-2-23 1 分标准

排除性测试 3 跪姿下腰伸展测试（Kneeling Lumbar Flexion Test）

测试说明：跪姿下腰伸展测试用来检查脊柱的弯曲程度。观察受试者疼痛反应，如受试者感到疼痛则记录为阳性（+），同时将躯干旋转稳定性测试评分记为 0 分，并执行更为全面的评估或推荐受试者前往医疗机构（图 2-2-24）。

图 2-2-24　跪姿下腰伸展测试

测试要点：

- 四肢着地，将髋部向脚跟移动。
- 胸部缓慢下沉，尽量贴近大腿，双手尽可能向身体前方伸展。
- 询问受试者是否感觉疼痛。

（三）功能动作筛查评分

1. 测试结果评分标准

- 如进行左、右侧分开测试，则该项测试最终评分计左、右侧得分较低一项分数。
- 对于 4、6 和 7 测试动作，在动作测试完毕后须进行排除性测试，如有疼痛，则该动作记为 0 分。
- 当最终得分小于或等于 13 分时，建议受试者进行物理治疗或医学检查。

2. 优先等级问题排序

（1）评分优先等级排序。

根据下面列出的得分等级对 FMS 所测动作进行由低分到高分的排序。0 分是最先考虑解决的问题，独立动作或双侧动作 3 分是最后考虑解决的问题。优先解决问题得分排序按照最急需解决的问题至最不重要的顺序自上而下排序。

- 0 分（疼痛）。
- 得分不对称，得 1 分（如左 1 右 3 或右 1 左 3）。
- 得分不对称，得 1 分（如左 1 右 2 或右 1 左 2）。
- 独立动作，得 1 分。
- 得分对称，得 1 分（深蹲、躯干稳定性俯卧撑）。
- 得分不对称，得 2 分（左 2 右 3 或右 2 左 3）。
- 独立动作，得 2 分。
- 得分对称，得 2 分（深蹲、躯干稳定性俯卧撑）。
- 得分 3 分（独立动作及双侧动作）。

（2）动作优先等级排序。

在得分等级的基础上运用动作等级对测试结果进行二次排序。在已有的优先等级排序基础上，按照动作难易度进行二次排序。由最先关注的动作功能障碍至最不重要的动作功能障碍排序如下：

● 主动直膝抬腿。
● 肩部灵活性。
● 躯干旋转稳定性。
● 躯干稳定性（俯卧撑）。
● 跨栏架步。
● 直线弓箭步。
● 深蹲。

通过得分等级排序和动作等级排序，可以得到个人 FMS 测试动作模式问题最终的等级清单。然后根据优先等级选出最重要的 3 个问题，并设计相应的解决方案以修正错误动作模式。

二、力量测试与评估

在力量测试与评估时，体能教练必须确定采用何种测试手段，是测试最大力量，还是从次最大力量推测。力量测试既可以是动力学或持续阻力练习（如无阻力），也可以是等速肌力测试或等长肌力测试，采用何种肌力测试的练习模式主要取决于测试的目标。

（一）等速肌力测试

1. 等速测试的概念

等速运动（isokinetic movements）是指在关节运动过程中，运动速度一旦预先设定，无论受试者肌肉收缩产生多大张力，肢体的运动始终在某一预定的速度（等速）下进行，肌肉张力大小的变化并不能使肢体产生加速或减速的一种运动。等速测试已成为国际上研究人体肌肉力量必不可少的测量手段，广泛应用于运动员肌肉力量的评定、训练及运动系统疾病的防治和康复等方面（图 2-2-25）。

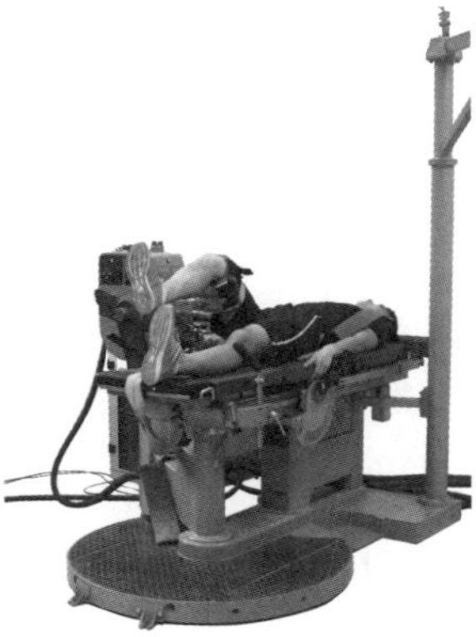

图 2-2-25　等速测试

2. 等速测试常用指标

（1）峰值力矩（PT）：指在整个关节活动中肌肉收缩产生的最大力矩输出。PT 是目前等速测试中最常用的指标，被视为等速肌肉测试中的黄金指标和参考值。

（2）相对峰值力矩（PT/BW）：指单位体重的峰力矩，它可以用于不同体重人群之间的肌力比较。

（3）平均功率（AP）：指单位时间内肌肉所做的功，随运动速度的增加，AP 值增大，表明运动速度越快，肌肉做功效率越高。

(4) 伸肌与屈肌峰矩比 (肌力比): 指两组肌群峰力矩的比值，对判断关节稳定性有一定意义。目前研究较多的是膝关节的屈肌向心收缩峰力矩与伸肌向心收缩峰力矩的比值，简称 H/Q 比值，该比值对维持膝关节稳定性和防止运动中较弱肌群的拉伤有重要意义，同时对运动技术的完成也有一定影响。

(5) 功疲劳指标 (work fatigue) 或耐力比 (ER): 指肌肉重复收缩时耐受疲劳的能力。该值越小，则表明肌肉抗疲劳的能力越强，耐力越好。

(二) 动态恒定阻力测试

动态恒定阻力练习，是最为常用的力量测试模式。实践中，人们使用最频繁的是最大力量测试，一般用于直接测试一次最大力量 (1 RM) 或从完成亚极量负荷重复的次数中来推算最大力量。卧推、深蹲和挺举广泛地应用于上肢力量、下肢力量和爆发力评估，这些测试手段已被证实具有很高的重测信度 ($r>0.90$)。一般采用的最大力量测试方案分为以下步骤。

- 完成一组 10 次力量的热身练习，练习的负荷超过预期 50% 1 RM 重量。
- 完成另一组 5 次力量的热身练习，练习的负荷超过预期 75% 1 RM 重量。
- 休息 3~5 min。
- 完成一次预期 90%~95% 1 RM 重量的练习。
- 休息 3~5 min。
- 尝试 1 RM。
- 休息 3~5 min。
- 如果尝试成功，增加重量并尝试新的 1 RM。
- 继续这个方案，直到失败为止。

值得注意的是，在各种练习手段中选择 1 RM 百分比重量的重复次数是变化不定的，即使在一个练习手段中变化幅度也非常大。以下列出的公式可以用来推算 1 RM。

1 RM = 重复的力量/ (1.0278−0.0278×次数)

1 RM = (0.033×次数×重复的力量) + 重复的力量

1 RM = (100×重复的力量) / (101.3−2.67123×次数)

(三) 三维测力台

目前人们用于测试人体力量的方法有很多，例如，握力器、拉力器及肌力矩等动测试系统进行测试。然而，这些器材功能比较单一，很难测试人体运动力量。另外，这些测试方法只考虑人体生理方面的代谢所产生的力量，而没有考虑人体运动过程中拉长—缩短周期、神经肌肉系统等方面的工作机制条件下所产生的粘弹性力量，所以所测得的肌肉力量往往与实际运动力量存在一定差距。用三维测力台对人体肌肉力量进行测试，能很好地解决以上两个方面的不足 (图 2-2-26)。

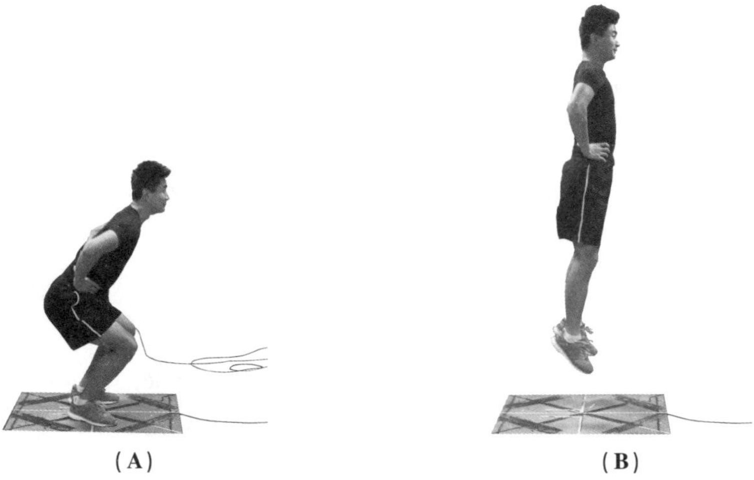

图 2-2-26　三维测力台

测力台一直是运动生物力学研究领域的有力测试工具。由于其动态性能好，具有测试三维数据的功能，可非常直观地分析人体运动中所受地面支撑反力的动态特征，从而为训练指导和体育研究提供有力的科学依据。

三、无氧功和有氧能力测试与评估

（一）无氧功测试

随着竞技运动水平的不断发展，人们在训练中越来越重视无氧运动能力的测试和评价。人体无氧运动能力是指人体肌肉在无氧供能代谢状态下的身体工作能力，主要包括无氧能力（anaerobic capacity，AC）和无氧功率（anaerobic power）两个方面。目前，无氧能力的主要检测方法有临界功率试验和最大累积氧亏试验。无氧功率测试方法比较多，有 30 多种，但主要采用的是 Wingate 无氧功率试验，它被誉为无氧功测试的金标准。下文主要介绍 Wingate 无氧功率试验。

1. 概述

Wingate 无氧功率试验指标具有简便实用、针对性强、易于定量和定性分析的优点，能比较全面地反映机体的无氧功率能力，是间接评定运动员的无氧运动能力的经典方法。

2. 步骤

（1）仪器：瑞典 MONARK 功率自行车、电脑、体重测量计、秒表。

图 2-2-27　Wingat 无氧功率试验

（2）操作步骤（图 2-2-27）：

● 准备活动：受试者在功率自行车上蹬 2~4 min，使心率达到 150~160 次/分，其中每分钟做 2~3 次（每次持续 4~8 s）全力蹬车。

● 休息 3~5 min。

● 正式试验开始，要求受试者全力以赴地完成。

规定负荷 30 s 踏车运动。

● 结束后放松蹬骑 2~3 min。

测试时间一般为 30 s，也可根据不同项目测试目的和要求，自行设定测试时间，范围在 5~300 s。对普通人而言，Wingate 无氧功率测试的阻力系数一般选用 0.075，但这时最大无氧功率输出比较低，没有达到最大水平。根据国外有关研究，运动员的理想负荷系数应该是 0.10 左右。功率自行车阻力（N）=受试者体重（kg）×系数。

3. 评定结果

（1）无氧功率峰值：是肢体肌肉在短时间内产生高机械功率的能力。这个值越大，说明爆发力越强。

（2）平均无氧功率：是 30 s 全力运动输出功率的平均值。平均无氧功率反映肌肉维持高功率的耐力。平均无氧功率越大，肌肉维持高功率的耐力越强，即通常所说的速度耐力越强。

（3）疲劳指数：计算公式为疲劳指数=（最大功量-最小功量）/最大功量×100，它反映了机体的无氧抗疲劳能力，体现了机体的无氧耐力水平。

总之，如果运动员的无氧功率峰值高、无氧功率递减率低，那么该运动员的 30 s 平均无氧功率会相对较高，也表明其无氧功率能力强，无氧运动能力高。反之，则表明运动员的无氧功率能力低。

（二）有氧能力测试

有氧耐力项目（如越野滑雪、跑步、游泳、骑自行车等项目）运动员的成功往往取决于优异的有氧能力。最大摄氧量是指机体在心肺功能和全身各器官、系统充分动员的条件下，单位时间内摄取并供给机体消耗氧气的最大量，它是反映机体有氧供能能力的重要指标。一般人最大摄氧量为 2~3 L/min，优秀耐力项目运动员可达 4~6 L/min。最大有氧能力既可以直接通过力竭运动时摄氧量测得，也可以通过亚极量运动来间接预测，下文主要介绍最大摄氧量的直接测量法。

1. 测量仪器

包括气体代谢仪、功率自行车（或跑台）和心率表。

2. 测量方法（图 2-2-28）

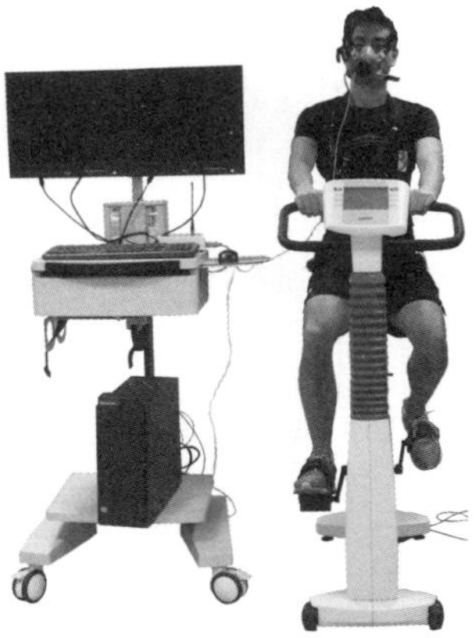

图 2-2-28 最大摄氧量测试

（1）仪器校正及设置。针对气体代谢的要求，进行仪器的气体成分校准及气量校准。

（2）受试者身着运动服，静坐 15 min 后测试心电图、心率、血压、身高及体重（精确到 0.1 kg）等。

（3）受试者戴好面罩，胸前安装遥测电极。

（4）准备工作完成后，嘱受试者以中等强度（50% $\dot{V}O_{2max}$ 的运动强度）在功率自行车上进行准备活动 4~5 min。

（5）休息 3 min 后，嘱受试者以准备活动时的负荷蹬踏功率自行车 2 min，然后每隔 2～3 min 增加负荷 300～400（kg·m）/min 作为下一级负荷，转数为 60 r/min，直到受试者力竭为止。

（6）当摄氧量出现平台，即摄氧量不再随运动负荷的增加而增加，可视为达到最大摄氧量。如果摄氧量未出现平台，而受试者已精疲力竭，则取摄氧量的最大值作为最大摄氧量。

3. 最大摄氧量的判断标准

（1）当继续增加运动负荷后，其摄氧量的递增值小于 2 mL/kg 或 150 mL/min。

（2）受试者的心率大于 180 次/分。

（3）运动时呼吸商大于 1.10。

（4）在测试停止后 2 min 时，成年人血乳酸浓度大于 100 mg/dL，儿童大于 80 mg/dL，老年人大于 60 mg/dL。

（5）继续运动时摄氧量出现下降。

四、平衡测试与评估

平衡是人体在某种状态下维持身体姿势及动作稳定性的能力。人体的平衡能力可分为静力性平衡与动力性平衡两种。静力性平衡是指身体处于相对静止状态下控制身体重心的能力。动力性平衡是指在运动的状态下调整和控制人体重心及姿势的能力。静力性平衡的测量方法有闭眼单脚站立、踩木实验等，而动力性平衡的测量方法有平衡木行走实验、侧跨跳平衡测验等。近几十年来，在体育科学研究领域，研究人员使用电脑和受力台相结合的动静态平衡仪进行精确的人体中心摇摆测试或者辅助训练，它已经逐渐应用于体质监测和运动员平衡稳定能力的研究中。关于平衡稳定性测试，将在本书第六章进行详细介绍。

五、速度测试与评估

速度是指人体获得高速度的能力，是在特定动作中应用爆发力的标志，它是人体的基本素质，包括人体快速完成动作的能力和对外界刺激快速反应的能力，以及快速位移的能力。常用的测试方法包括 20 m（30 m）冲刺跑、40 m（60 m）冲刺跑、软梯正向快速步伐测试、软梯正向进进出出步伐测试等。关于速度测试，将在本书第五章进行详细介绍。

六、灵敏性测试与评估

灵敏性是指能够迅速改变方向的能力。它是在大多数竞技能力测试中常用的一个指标。灵敏素质的测试方法有很多，但最相关的灵敏素质测试是运动员在比赛中经常完成的动作，测试指标也应该是运动员训练计划中的一部分。T 测试方法能有效测试这种专项运动能力。常用的灵敏素质测试包括 20 m 折返跑、T 测试，伊利诺斯测试等，将在本书第五章进行详细介绍。

第三节　体能训练的效果评价

一、体能训练评价的指标体系

根据体能训练的总目标和对体能训练的认识与进一步研究，可将体能训练指标评价体系按“五个一级指标、若干个二级指标和三级指标”进行划分。

（一）身体形态发育指标

根据“国际体力测定标准化委员会”和“国际生物学规划”的测定方案，体格、体型、体脂成分和身体姿势等方面是人体形态指标主要包括的内容。

1. 体格

体格测量是指对人体整体及各部位的长度、宽度、围度、量度所进行的测量，是研究人体外部形态结构、生长发育水平等必不可少的方法手段。

长度主要包括身高、坐高、上肢长、下肢长、指距长、大腿长、小腿长、跟腱长等。宽度主要包括肩宽、骨盆宽等。围度主要包括胸围、腰围、臀围、大腿围、上臂围等。量度主要包括体重、瘦体重等。

2. 体型

体型是一种对人体处于某阶段的身体外在形态结构及组成成分的描述。人的体型会受年龄、性别、饮食、生活习惯等因素的影响。体型在某种程度上决定着个体的体能。肥胖型、瘦长型和匀称型是体型的 3 种类型。肥胖型人群体力通常较差，因此体能也弱。瘦长型人群通常无力。一般正常的体型会表现出较高的体能。

3. 体脂成分

体脂成分可以反映人体的营养状况和体质水平。瘦体重在体成分中具有主要作用，正常人体中，瘦体重多，也即运动系统发达，则人的体能就强。

近年来，生活水平的提高，膳食结构的改变，尤其是不科学的营养卫生习惯，再加上缺乏体育锻炼造成了在运动员中“肥胖”比例的人数大幅上升，导致运动员体能下降。因此，身体成分的测定与评价对运动员体能发展具有重要意义，也为科学膳食养成良好的体育锻炼习惯提供重要理论依据。

（二）身体生理机能水平指标

身体机能是指人体各组织、器官、系统及整体所表现的生命活动。身体机能的测量和评价是了解机能特征、评价运动训练效果、判断运动性疲劳、实施训练监控及预防运动损伤的重要手段和方法。

1. 心血管机能

心血管机能主要包括脉搏、血压、贝拉克能量指数及克兰普顿测验。另外，还有运动负荷下的心血管机能，如 30 s 30 次蹲起和哈佛台阶实验等。

2. 呼吸机能

呼吸机能主要包括肺活量和最大摄氧量。呼吸机能动态实验测评，如 5 次肺活量试验、定量负荷后 5 次肺活量试验和闭气试验等。

（三）身体素质和运动能力

1. 力量

力量主要包括最大力量、静力力量（握力、背力）、爆发力（纵跳、立定跳远等）和肌肉耐力等。

2. 速度

速度包括动作速度、反应速度和位移速度。

3. 耐力

耐力分为有氧耐力和无氧耐力。

4. 柔韧性

柔韧性主要包括肩部、腿部、臂部和脚部的柔韧性。

5. 灵敏性

灵敏性是指迅速、准确、协调地完成动作的能力。

6. 运动感知机能

运动感知机能主要包括上肢定位机能、重量感知机能、用力感知机能及空间感知机能等。

7. 平衡性机能

平衡性机能分为静力性平衡机能和动力性平衡机能。

另外，评价指标体系中还有心理发育水平（运动员健全心理素质、意志力）的指标，对特殊环境的适应能力（运动员健康行为方式习惯、挫折承受力及遇险自救能力等）的指标等。

二、体能训练评价的方法

根据不同的评价目的及评价对象，对运动员体能训练的评价应采取不同的方法。一般来说，常用的方法主要包括以下两种。

（一）定量指标的评价方法

定量指标是指能够用一定的计量单位进行定量描述的指标。对这类指标的定量评价，通常借助于仪器测量所获得的数据，并应用数理统计方法制订评价标准，设计评价方法。这种评价方法的优点是客观且准确性高。因此，这种方法被称为客观的定量评价方法。在运动员体能训练评价的指标中，定量指标包括形态、机能、素质及运动能力等。

1. 对运动员形态和机能发育水平的评价

人们对运动员形态发育和机能水平的评价方法有很多种，离差法、指数法、百分位数法和相关法 4 种方法是目前普遍采用的。

（1）离差法。所谓离差法是以大量调查资料的平均数为基准值，以标准差为离散距来评价身体发育水平的方法。这种方法能够较为准确地反映运动员的发育水平，但使用这种方法制订评价标准需要具备一定的条件，即数据应呈正态分布或近似于正态分布。

（2）指数法。指数法考虑了人体各部分的比例和相互内在关系，把两项或两项以上指标的测量值按照一定的数学方法计算得出的相对值来评价身体发育水平的方法。近年来，身体指数已在研究和探索青少年生长发育的规律，研究运动员选材和进行身体发育水平的评价等方面，得到了广泛应用。

（3）百分位数法。百分位数法是以原始观测值的中位数为基准值，以百分位数为离散距来评价身体发育水平的方法。这种方法不但适用于非正态分布的资料，而且适用于正态分布的资料，同时还减少了在制订评价标准之前因对资料的分布特征不明而必须对有关发育指标进行正态检验这一环节。这种有效且客观的评定方法已广泛应用于身体发育的评价中。

（4）相关法。相关法，即先用离差法（或百分位数法）对身高做出等级评价后，继续以身高为自变量，再以体重、胸围为因变量的回归直线为基准值，对身高、体重、胸围等项发育指标进行综合评价的一种身体发育评价方法。这种方法除了用于评价身体的发育水平外，还能评价身体发育的匀称程度，并做出多指标的综合评价。

2. 对运动员身体素质和运动能力的评价方法

身体素质和运动能力的全面发展水平和人的体能发展水平关系十分密切。评价身体素质和运动能力的发展水平，多采用评分的方法，比如标准百分法、百分位数法、累进计分法和相关法等。

（二）定性指标的评价方法

定性指标是指无法用一定计量单位进行描述的，即没有确定测量单位的指标。对这类指标进行评价时，主要依据专家的主观经验（即经过多年实践而积累的专业经验），这种方法又称“经验评价法”。运用综合评价的方法对个体的身体素质和运动能力的全面发展水平进行评价时，要求根据被评价者的性别、年龄查相应的单行评分表，并将各单项得分合计成总分。直接对总分进行比较，也可以查综合评价表，并比较其所属综合评价等级。

对集体进行综合评价时，一般可比较集体的总分平均值；也可将各集体中每个人总分按综合评价标准查出所属评价等级，然后按 5、4、3、2、1 计算集体总分并进行比较，但这种方法需各集体中人数对等。

此外，对运动员心理发展水平和环境的适应能力的评价也可通过量表测试，然后进行集体综合评价。

思考题：

1. 阐述体能测试与评价的意义。
2. 阐述功能性筛查的动作。
3. 阐述等速运动的概念及测试常用指标。
4. 阐述 Wingate 无氧功率试验的测试与评定方法。
5. 阐述体能训练评价的方法。

CHAPTER 3 第三章

体能训练计划的制订

本章提要： 青少年运动员的运动训练过程具有复杂性和不稳定性的特点。为了更好地进行运动技能的学习和竞技能力的培养，教练员需要依据青少年运动员自身发展的特点和专项技能的需要，来制订合理的体能训练计划。本章重点阐述青少年运动员的突出特点，体能训练计划制订和实施的关键环节，多年、年度、大周期、周课训练计划的结构要素及制订各个层级训练计划的注意事项，对训练过程的有效调控和运动训练效果的评价。

第一节　体能训练计划概述

一、体能训练计划的概念与意义

体能训练计划是对一段时间内运动员的体能练习和训练负荷分配情况的理论设计，是对训练时间和休息时间的科学控制和合理安排训练顺序的总体把握。

体能训练计划的制订是建立在状态诊断的基础上，为实现训练目标而选择的状态转移通路。训练计划将训练目标细化为若干个小目标，使训练任务有条不紊地进行，从而有效地控制训练过程。科学的体能训练计划不仅是成功训练的保证，也是提高训练水平与竞赛成绩的根本。体能训练计划的制订与实施，是训练过程的中心环节，也是对整个体能训练过程实施科学控制的重要手段，对于保证体能训练成效、实现运动训练可持续发展具有重要的战略意义。

二、体能训练计划的分类

依据不同的标准，人们将体能训练计划分为不同的类别。例如，按照不同人群划分、按照时间跨度的大小划分、按照训练任务不同划分、按照训练所处的不同阶段划分等。

对不同的人群而言，体能训练计划可以分为青少年体能训练计划、中年人体能训练计划、老年人体能训练计划、运动员体能训练计划、军人体能训练计划等。

根据体能训练计划的时间跨度，可将体能训练计划分为训练课时计划、周训练计划、年度训练计划、小周期训练计划、中周期训练计划、大周期训练计划、奥运周期训练计划、全程性多年训练计划等。每一个训练计划都是由若干个时间跨度小一级的训练计划组合而成的。

按照不同的训练任务，可以将体能训练计划分为健身性体能训练计划、比赛性体能训练计划、功能性体能训练计划、康复性体能训练计划等。

按照训练所处的不同阶段，可以将体能训练计划分为基础体能训练计划、专项体能训练计划、恢复体能训练计划等。

三、青少年体能训练的注意事项

青少年新陈代谢旺盛，除了维持各器官正常生理活动外，还必须保证生长发育的需要。由于青少年在代谢方面的这一特殊需要，因此在运动中，他们对氧的需要量比成年人多；而且能量的动用受到一定限制。因此，针对青少年的运动训练，初期宜采用短时间大强度练习，在不断降低强度的基础上逐渐延长训练时间或者距离，以提高他们的糖酵解供能能力。

第二节　体能训练计划的制订与实施

一、制订体能训练计划的必要性

训练计划是在运动训练开始之前，对训练活动预先做出的理论设计，以对运动员竞技状态诊断为基础规划运动员体能发展状态的转移通路。组织者通过科学制订体能训练计划，把训练目标具体细化为若干个紧密联系的训练任务，可以使参加训练活动的运动员、教练员、科研人员与医务保障人员等统一思想认识。在明确的体能训练目标下，团结一致，各司其职，为更加有效地控制运动训练的进程，高效、快速、持续地发展运动员的竞技能力，创造优异的运动成绩打下坚实的基础。

二、制订体能训练计划的依据

作为运动员在运动训练过程中的关键环节，合理的体能训练计划起着不可替代的作用。制订体能训练计划时，既要考虑主体实现目标的需要，又必须考虑主观和客观训练条件的实际情况。

（一）青少年的身心发育阶段特征

不同年龄、不同时期的青少年的身心发育受多种因素的影响。在制订体能训练计划时，把青少年特定阶段发育的主要特征融入体能训练计划中。根据青少年身体素质发展敏感期，计划应着重练习敏感期内的各项素质，这样有利于青少年运动员的长远发展。

（二）体能训练的客观规律

运动训练规律是指运动训练系统内部各构成要素之间，以及它们与训练系统外部的各个相关因素之间，在结构与功能上的本质联系和发展的必然趋势。体能训练的规律是客观存在且不依人的意志而改变的，主要包括运动训练过程的连续性与阶段性，运动员机体在负荷下的适应性与劣变性等基本特性，以及技术、战术、体能、心理素质和各种运动素质的结构特点与发展特征。根据这些客观规律，人们制订了运动训练的基本原则，设计了基本的训练方法和手段。在制订体能训练计划时，必须遵守这些规律，才能取得理想的训练效果。

（三）运动员的起始状态

运动员的起始训练状态是运动训练过程的出发点，也是其状态转移的基础。为实现运动员的状态转移而制订的训练计划，必须符合运动员的现实状态。该计划既是促使运动员的竞技能力产生明显的变化，又是运动员机体发展可以接受的安排。

（四）体能训练的目标

运动训练是竞技体育活动的重要组成部分，提高运动员的竞技能力，进而创造优异的运动成绩是其主要的发展目的。体能作为运动项目最后阶段的决定性因素，在平时的训练中应该明确训练目标，达到既定的体能状态方可达到运动中的理想状态。作为对训练活动的理论设计，制订体能训练计划的根本任务是把体能训练的目标具体化，落实到每一个阶段，有效控制训练过程，为实现运动员竞技能力可持续发展这一根本任务设计最适宜的途径。

（五）组织和实施体能训练活动的客观条件

体能训练所使用的场地、器材，训练中心所能提供的营养条件、恢复手段，以及人员配置等，都是组织训练活动的物质基础。如果没有引进新型的训练器材，一些身体功能训练的动作就无法进行，FMS 的准确度和可信度也会大打折扣。倘若没有引进具有前沿理论与实践水平的营养师与体能师，那么整个队伍的赛后恢复就得不到有效保障。方法和手段如过于陈旧，将不利于运动员的可持续发展。因此，在制订训练计划时，要充分考虑训练条件的实际情况，因地制宜地设计合理的体能训练计划。

三、体能训练计划的基本内容

不同阶段、不同人群的训练计划，有各自的侧重点，在计划内容上也不尽相同。但是，运动训练过程的基本结构是一样的，对不同训练过程的组织设计也有基本的共同点，反映在训练计划方面，主要包括以下几个要素。

- 对运动员起始状态的诊断。
- 确定体能训练的目标。
- 划分体能训练阶段并确定阶段训练任务。
- 确定实现目标的基本对策。
- 安排比赛的序列。
- 规划训练负荷的动态变化趋势。
- 选择合适的训练方法和手段。
- 确定训练手段的负荷要求。
- 制订训练恢复措施。
- 检查和评定训练效果。
- 负荷量和负荷强度的计算。

第三节 体能训练计划的分类

一、多年体能训练计划

运动员的成长是一个漫长而艰苦的过程。通过科学设计、组织有序的竞技运动训练活动，运动员能够实现竞技状态的定向转移。为了保证运动员竞技能力的持续发展，体能状况稳定提升，全程性多年的训练计划，应该是持续无间断的。同时，运动员的竞技能力发展的全过程又具有阶段性特点。在运动训练过程中，紧密联系的各个训练阶段所要实现的最终目标是一致的，但由于阶段性的训练目标和任务不同，各个阶段对体能发展的要求也不同，随着年龄的增加对体能状况的要求也会越来越高，其间所选择的训练内容、训练负荷、训练方法等总是存在着不同程度的差异。因此，为了实现运动训练的发展目标，组织者必须对多年训练过程进行系统的规划，以青少年运动员的身体发育情况为基础，制订合理的体能训练计划，既要重视各个阶段训练的特点，又要保证训练过程中各个阶段之间的衔接，从而可以最大限度地保证运动员竞技能力可持续发展。

运动员从开始参加运动训练到停止竞技训练活动的完整过程，是一个目标统一并紧密联系的完整组织体系，在其发展过程中也具有不同时期的组织特点。从时间跨度的角度来讲，持续两年以上的训练即称为多年训练。运动员的多年训练可分为两个层次，即全程性多年训练和区间性多年训练。全程性训练是指运动员从开始参加竞技训练，经过系统训练培养达到个人的竞技高峰，直到最终退役的整个过程。它主要是系统培养高水平运动员，时间跨度为 10~20 年。区间性多年训练则是指全程性多年训练过程中具有特定任务的、阶段性的多年训练，一般持续 2~6 年。

运动训练过程具有连续性和持续性的特点，对于长达十几年的训练过程进行合理的阶段划分，是一项至关重要的工作。田麦久先生总结了前人的研究成果，在充分考虑不同项目竞技特点的基础上，系统提出了以最佳竞技阶段为核心的、运动训练全过程的 4 个阶段组织模式（表 3-3-1）。

表 3-3-1　运动训练的组织模式

序号	训练阶段	体能发展目标	年限
1	基础训练阶段	整体体能积蓄	3~5
2	专项提高阶段	提高专项体能	4~6
3	最佳竞技阶段	各项体能完备	4~8
4	高水平保持阶段	体能状况保持	2~5

(一) 全程性多年体能训练计划

全程性多年体能训练必须服从专项训练安排，因此，运动员的全程性多年体能训练也包括基础训练阶段的体能训练、专项提高阶段的体能训练、最佳竞技阶段的体能训练及竞技保持阶段的体能训练。随着青少年运动员年龄的变化，身体机能逐渐成熟，不同阶段的训练任务和训练内容也会有不同的要求。从这 4 个阶段来看，最佳竞技阶段的体能训练是核心，运动员在这一时期表现出来的竞技水平的高低，可以看作对运动员多年训练成果的综合评价。基础训练阶段和专项提高阶段的安排和要求，都服从于最佳竞技阶段的训练任务的需要。竞技保持阶段则是最佳竞技阶段最大限度保持和延长。在全程性多年训练计划制订的同时，组织者要注意计划应与运动员各项身体素质的敏感期紧密结合。

全程性多年体能训练还应该注意训练计划的负荷安排。运动负荷的大小随着训练阶段的不同也呈现一定规律性变化。在基础训练阶段，体能训练的内容主要是全面的身体素质训练，如一般力量、耐力、速度及柔韧等训练。在专项提高和竞技能力的保持阶段，体能训练则与专项紧密结合，应着重锻炼专项技术最好发挥所需要的素质。训练的时间、强度和负荷应根据专项的需要进行科学合理的安排。

（二）区间性多年体能计划

在运动员的训练过程中，每个特定的训练阶段均构成一个训练区间。区间性多年体能训练计划，是指对两年以上的特定时间段的体能训练过程的设计。

1. 基本特征与训练任务

在基础训练阶段，基本任务是发展运动员的多种运动能力和基本运动技能。训练任务首先发展运动员的协调、灵敏素质，其次是速度、耐力素质。通过这些基本运动素质的发展，运动员再参加一些初级的比赛，可培养一般心理素质，并相应地发展其他身体素质。在当代运动训练的理论与实践中，人们日益重视协调性的作用，并把协调性作为发展运动员技能和战术能力的基础。儿童阶段正是发展协调性，改善协调能力的黄金期。

在发展各种运动素质训练的内容配置上，随着年龄的增长，训练计划应该按照柔韧→有氧耐力和反应速度→最大速度和速度力量→最大力量、无氧耐力和力量耐力的顺序进行设计，如表 3–3–2 所示。

表 3–3–2 青少年运动员身体训练的内容安排

年龄阶段（岁）	身体训练内容
5~8	以一般协调能力为主，同时注重有氧能力和柔韧性练习
9~10	以灵敏性和速度素质为主，同时进行速度力量的训练
11~12	以爆发力和速度素质为主，可适当增加有氧耐力的训练

2. 负荷特征

训练负荷是运动训练中最基础、最活跃的因素之一，它贯穿运动训练的整个过程。在基础训练阶段，运动员的形态、机能、运动素质的改善与发展，技战术的掌握与运用等，都需要在有节奏的、递增的训练负荷刺激下才能实现。青少年运动员在训练中需严格按照循序渐进的原则，合理安排训练负荷。机体在“增加负荷—适应—再增加—再适应”的过程逐步产生新的生物适应，从而有效提高运动的竞技能力。专项提高阶段和最佳竞技能力保持阶段的负荷与内容主要是根据专项的需要设定，基本特点是：体能训练量小、强度大，负荷逐渐增加。平时的体能训练通常是按照比赛时所需要消耗的体能进行专门性、针对性练习。

二、年度体能训练计划

年度体能训练计划，就是指以年度作为运动训练过程的基本时间单位而制订的体能训练计划，它是对一个年度体能训练周期所作的训练设计与安排。由于现代体育竞赛具有明显的年度周期性特征，所以，人们大都以年度周期训练计划作为组织系统运动训练的基本单位。年度体能训练计划并不是按照日历的时间去严格确定一年的时间，只要整个运动训练过程的时间长短特征符合一个年度时间的特征，即 12 个月，我们通常称为一个年度训练周期。

年度训练过程所包含的大周期数可体现年度训练过程结构特征的主要内容。由于各个项目的比赛特点不同，运动员能量的消耗不同，各个项目年度比赛安排也不同，因此，年度体能训练计划对运动员竞技状态的变化也有着不同的要求。有的项目一年中主要服务于一个重要比赛，是一个完整的训练周期；而有的项目则会有两个或更多的大型比赛，就需要划分两个或者更多的周期来适应更多的年度比赛。年度体能训练计划通常分为单周期（包含单周期双高峰）、双周期、多周期等不同的类型。不同的结构类型有着不同的总体规划、不同的比赛系列和不同的训练安排，它们分别用于不同的运动项目。

（一）单周期

全年的训练按照一个完整的大周期组织实施，称为单周期。这种形式主要适用于在 4~6 个月的时间才能做好充分准备或者取得训练效果的项目，如马拉松、十项全能和现代五项。此外，受气候条件限制，每年只能在固定的月份进行的运动项目，如速度滑雪、速度滑冰等冬季项目，也适用于单周期形式。随着现代体育竞赛的发展和科学技术的进步，各个项目的比赛逐渐增多，单周期安排的训练模式应用越来越少。

中国女子水球队为了全面提高运动员的竞技能力水平，更好地备战大赛，在 2005—2006 年度采取了单周期的训练模式。通过 36 周的长时间训练，运动员的个人综合能力和团队配合能力均得到系统提升，取得了较好的训练效果，为后期全队实力持续提高打下了基础，如表 3-3-3 所示。

表 3-3-3　中国女子水球队 2005—2006 年度训练计划

训练期	训练阶段	时间安排	周数	训练目标
准备期	冬训体能积累阶段	2005. 8. 20—2006. 1. 27	23	重点实现体能和专项技能的储备，为第二阶段高强度的战术演练打下坚实的基础
	专项竞技提高阶段	2006. 2. 3—2006. 5. 14	13	实现从冬训期间获得的体能及技能积累到专项比赛能力的有机过渡，逐步使运动员进入竞技状态
比赛期	状态保持阶段	2006. 5. 15—2006. 8. 14	11	促使运动员达到最佳竞技状态，实现参赛目标
过渡期	恢复阶段	2006. 8. 15—2006. 9. 3	2. 5	合理安排休整期的计划，实现向下一周期训练的有机过渡

由于在单周期年度训练过程中，准备时期和比赛时期延续的时间较长，容易产生生理和心理疲劳，导致运动员竞技能力下降，所以在训练实践中，人们通常把每个时期又分为若干阶段，并经常在两个比赛之间加一个短时间的调整期，这种安排被称为单周期双高峰安排。欧洲各国每年都会举行足球联赛，比赛期长达八九个月，因此，他们的训练模式一般都是采用这种双高峰的单周期模式。

（二）双周期

全年训练按两个完整的大周期组织实施，称为双周期模式。在一些项目的竞赛安排上，每年都会有两次重要的比赛或者两个重要的比赛阶段，因此，运动员的训练也相应地按照两个大周期来设计和实施。

随着现代体育竞技的发展，赛事逐渐增加，但是一年中最重要的比赛仍然是有限的。因此，很多项目全年度的训练过程仍分为上下半年两个大周期。这是属于现代竞技训练中一种常见的周期安排类型。在双周期安排中，前一个周期结束并适度恢复后，马上进入第二个大周期的准备期训练。两个周期紧密结合，没有明显间歇，这样有助于保持运动员能力不断发展。

（三）多周期

一年内出现 3 个或 3 个以上的大周期，称为多周期训练模式。每年 3 个以上的大周期安排，可使运动员适应年度重要比赛的参赛需求，为运动员在各项比赛中取得更好的成绩提供基础，这种安排已经成为现代很多项目，尤其是职业化程度高的项目的重要训练组织形式。典型的代表项目是网球，每年都有四大网球公开赛，它们是较为重要的比赛。因此，世界上排名靠前的运动员通常都采用多周期的训练模式安排训练。

随着运动员比赛次数的增加，有效的恢复和良好竞技状态的保持，对运动员和教练员提出了更高的要求。这就需要重视赛间训练环节，合理安排运动员的赛后恢复和下个周期竞技状态的调整，随时对体能状态进行监控，避免出现过度疲劳的现象。

三、大周期体能训练计划

为了准备并参加一个或者连续进行的系列比赛，运动队需要制订一个大周期训练计划。在一个完整的大周期中，准备期、比赛期和恢复期紧密衔接，构成一个结构完整、目标统一的阶段性训练过程。在这个过程中，3 个时期的训练紧密围绕阶段性目标，彼此协同又各有特点。

1. 准备期的体能训练计划

准备期的体能训练，主要是为竞赛期储备所需的体能水平，发展和提高必须由低到高、由一般素质到专项素质、由局部到整体逐步实现。因此，训练主要以一般体能为主，包括一般速度素质、一般力量素质、一般耐力素质及一般协调素质等。训练主要是增加健康水平，发展这些运动素质，并有效地发挥身体主要生理系统的功能。

准备期的体能训练方法主要以持续训练法和间歇训练法为主，这两种训练方法的特点是负荷量比较大，强度相对较小，主要适用于发展耐力素质，重点提高有氧代谢能力（表 3-3-4）。

表 3-3-4　发展素质的不同方法的基本特征

方法		持续训练法	间歇训练法		重复训练法
			小强度	大强度	
负荷	量	大	中 大	中 小	小
	强度	小	中 小	中 大	大
	间歇	无	不充分休息		相对充分休息
主要发展素质		一般耐力	一般耐力		最大力量
		力量耐力	力量耐力		快速力量
			专项耐力		速度耐力
			速度耐力		最大速度

2. 比赛期的体能训练计划

比赛期的任务主要是在准备期的基础上，运动员努力发展专项速度素质、专项耐力素质、专项力量素质等，保持最佳的竞技状态。比赛期的另一个任务是做好充分准备，参加比赛，最大限度地发挥自己的运动水平，力争创造优异的运动成绩（表 3-3-5）。比赛期安排体能训练计划应该注意以下几点。

（1）安排好训练的负荷节奏，使运动员处于超量恢复阶段。比赛期的负荷总体是负荷强度大而负荷量比较小。

（2）采取各种措施（包括训练、社会、宣传等）激励运动员积极训练，但又不能造成过高的激活状态，使运动员保持适宜的兴奋水平，既能最大限度地动员运动员机体的潜力，在比赛时发挥超常水平，又能保持高度的自控能力，有效地排除内外因素干扰。

表 3-3-5　2008 年奥运会艺术体操集体项目组比赛期训练内容

时期	训练内容	时间（每天）
第 1 周	专项体能训练，包括下肢爆发力、不稳定平面上的核心力量训练、单侧稳定性训练，结合成套动作的身体难度组合，强化专项平衡、稳定、转体等基本动作	90 min

续表

时期	训练内容	时间（每天）
第 2 周	专项身体难度训练，成套比赛动作的训练，难度与比赛所用动作组合相同，强化全身专项爆发力、核心稳定性、单侧爆发力训练	90 min
第 3 周	专项身体难度训练，结合成套动作的身体难度组合，结合器械动作的不稳定平面的平衡、主动柔韧、快速转体、单腿跳跃，训练强度与比赛强度持平	60 min
第 4 周	比赛专项动作训练，主要进行比赛成套动作的强化训练，同时结合器械动作的平衡、柔韧、转体、跳步进行训练，强度较大，总体训练量较小	60 min
第 5 周	比赛动作组合难度、强度的专项训练，将比赛组合动作进行大强度身体训练，调整比赛状态，赛前减量，准备正式参赛	60 min

3. 恢复期的体能训练计划

恢复期的主要任务是使运动员在几个月紧张的训练和比赛中的状态得到恢复，以更好地完成多赛制下持续训练和系列比赛。在大周期训练计划中要特别注意合理安排间歇阶段的恢复期训练，结合项目特点及前期比赛的情况，通过自然恢复和积极恢复等多种方式，使运动员身体机能得到尽快恢复。恢复期所要求的不是单纯休息、睡眠式的自然恢复，而是保持一定的训练活动的积极恢复，通过负荷内容、量度、组织形式及训练环境的改变，达到从心理和生理上消除疲劳的目的。

为了达到恢复的目的，恢复期训练一般持续 1～2 周，主要采用较低负荷强度的积极训练，如游戏法、变换法等训练方式。具体内容包括慢速越野跑、长时间的球类运动、自行车远游、划船及游戏等。

四、周体能训练计划

（一）周体能训练计划的任务

周体能训练计划，顾名思义就是持续一个星期左右的训练计划，时间也可在 4～10 天。运动员为了全面发展竞技能力，需要在一定时间内完成各项能力训练，不断地加以重复才能达到目的。周体能训练计划中就要合理安排各项基本素质的训练内容。根据训练任务及内容的不同，周训练可以分为基本训练周、赛前训练周、比赛周及恢复周 4 种基本类型。为完成不同任务而制订的各种周训练计划，也具有明显的负荷变化特点，如表 3-3-6 所示。

表 3-3-6　不同训练周型及其主要任务

周型	主要训练任务
基本训练周	通过负荷的改变引起新的生物适应现象，提高运动员的各项身体素质，如速度素质、力量素质、耐力素质、协调素质、灵敏素质等
赛前训练周	使运动员的专项体能适应比赛的需要，为比赛做好充分的体能储备
比赛周	使运动员的体能在比赛中充分地为专项技术服务，帮助运动员取得优异成绩
恢复周	消除运动员在生理和心理上的疲劳，促进超量恢复的出现，激发他们强烈的训练动机，准备投入下一轮新的训练中

不同的训练内容对人体各生理系统的要求也不同。例如，进行技术训练时要求中枢神经系统与骨骼肌肉系统的工作高度协调，耐力训练则给予呼吸与心血管系统高度的负荷。不同目的训练对运动员机能状况的要求不同，以发展素质、技术及战术等不同竞技能力为目的的训练，对运动员机体状态的要求就不同。运动员只有在体力充沛时，才能有效地发展最大力量和最大速度等基本运动素质。而对于发展耐力素质及培养运动员顽强拼搏精神，以及在疲劳下仍然能较好地发挥技术水平的能力，则在运动员略感疲劳的情况下仍然可以取得理想的训练效果（表 3-3-7）。在进行周训练计划时，安排不同训练内容之间的顺序，必须考虑这些特点。

表 3-3-7　与不同机能状态相适应的训练任务

竞技能力类型	机能状态		
	充分恢复后	局部疲劳时	非常疲劳时
素质	最大速度 最大力量 快速力量	速度耐力 一般耐力 力量耐力	一般耐力 力量耐力
协调	协调能力		
心理品质	判断 反应	自控能力	顽强拼搏的意志品质

（二）周体能训练计划的负荷安排

在基本训练周，不同阶段运动员的训练课次安排不同。对于青少年运动员来讲，每周安排 2~3 次高强度课，既可实施必要的训练刺激，同时也有利于运动员的生长发育。随着年龄的增长和水平的提高，运动员逐渐能够承受更大的负荷，课次也随之增多。对于高水平运动员来说，基本周每天都应该安排大强度训练内容，促进运动员的形态、机能产生良性的生物适应，并不断提高技战术水平。此外，周体能训练计划也要考虑训练内容的交替，不同训练负荷错落有致，保证每周的训练负荷呈现周期性变化，帮助运动员取得理想的训练效果（表 3-3-8）。

表 3–3–8 周训练中不同负荷分配参数

周课（次）	大负荷课（次）	重负荷课（次）	小负荷课（次）
3~4	1~2	1~2	0~1
5~6	2	2~3	1~2
7~8	2~3	2~4	2
9~10	3~4	3~5	2~3
11~12	4~5	4~5	3~4

在赛前训练周，核心的训练任务是有效刺激运动员的机体，实现专项竞技能力的定向发展，并形成良好的竞技状态。在这个阶段中，总体负荷水平保持在较高的层次，主要以强度刺激为主，并适当安排热身赛，不断强化机体能力的转化，逐渐形成预期的临赛状态（表 3–3–9）。

表 3–3–9 奥运会女子摔跤冠军王旭 2004 年的赛前训练周安排

类别	周一	周二	周三	周四	周五	周六	周日
课（次）	4	4	2	4	4	2	（休息）
时间（h）	约 10	约 10	约 5	约 10	约 10	约 5	0
负荷强度	大	大	大	大	大	大	—
负荷量	大	大	小	大	大	小	—

比赛周的训练负荷总体处于较低水平，尤其是要严格控制训练量。在此过程训练中，根据运动员竞技能力恢复的不同时间，可以把高强度的无氧代谢训练、速度训练、力量训练、高强度专项训练等安排在比赛前 3~5 天，把有氧代谢训练等中低强度的一般训练安排在赛前 1~3 天。这种安排到比赛日，运动员竞技能力的各个要素都处于最佳的水平，从而形成良好的竞技状态。

恢复周的主要任务是更好、更快地消除运动员身心疲劳，紧密结合专项运动特征及运动员的个人特点，集中精力促使运动员在生理和心理方面得到恢复。在此过程中，训练量和强度都大幅降低，总体负荷小，训练内容更灵活，主要包括各种一般性的身体练习、游戏练习等，为后期的训练和比赛提供良好的初始条件。

五、课体能训练计划

训练课是体能训练活动的基本组织形式，是训练计划的基本单位，也是教练员组织日常训练不可或缺的训练文件。不管是周训练计划，还是年度和多年训练计划都是通过一次次的训练课来贯彻执行。运动员竞技能力的提高，正是一次次训练课效益积累的结果。

(一) 体能训练课的分类

根据训练内容的不同，体能训练课可分为单项体能课和综合体能课。

1. 单项体能课

一次训练课中发展运动员的一项体能素质，或者集中时间或精力完成某一项训练任务，即是单项体能课。例如，跳高运动员的跳跃力量课，中长跑运动员的耐力课，短跑运动员的冲刺跑课。单项体能课又分为发展力量、耐力、柔韧、灵敏等更加专门的训练课。例如，力量训练，它的目标是训练身体使其能够调动更多的肌肉纤维以产生更大的力量。对于力量训练应该采取循环性练习，方可取得理想的训练效果。表 3-3-10 列举了力量训练的一些传统训练方法和功能性训练方法。

表 3-3-10　力量训练方法

练习种类	练习方法		
力量	深蹲	上斜卧推	高位下拉
功能性	T 稳定俯卧撑	侧向触够弓箭步	触够弓箭步
力量	高翻	卷腹	卧拉训练
功能性	弹力绳斜上拉	单臂弹力绳划船	单臂弹力绳后拉
力量	硬拉	引体向上	直立划船
功能性	弹力绳斜下拉	单腿站立哑铃交替弯举	单腿站立哑铃交替推举

注：“力量” 重复 3~6 次；“功能性和其他” 重复 10~20 次或 10~20s。每项运动做 3~4 组。

2. 综合体能课

综合体能课的任务是根据专项的需要，全面发展运动员所需要的各项竞技能力。在一节训练课中，教练员通常安排两种以上的训练内容。在制订计划时，要注意合理安排训练任务和内容的顺序。凡是需要运动员精力充沛的时候才能完成好的训练任务，一般应该安排在训练课的前半部分，如协调素质、灵敏素质等；而在一定疲劳或者深度疲劳状态下仍然可以完成的训练任务，则可以安排在训练课的后半部分进行，如耐力素质等。正确的课程内容安排，既有利于各项训练任务顺利完成，也可促进不同能力之间的良性转移。表 3-3-11 为爆发力、耐力训练安排。

在比赛中，仅有完成动作的爆发力是远远不够的，还需要将展现出来的动作维持一定的时间。因此，爆发力与耐力的组合训练至关重要。这一阶段将会利用快速循环训练的方式进一步提高在疲劳状态下，继续进行功率输出的能力。

表 3-3-11　爆发力、耐力训练

练习种类	练习方法		
力量	深蹲	卧推	下拉
功能性	跳跃	药球投抛	药球过顶投抛
力量	弓箭步	斜板仰卧起坐	躯干旋转下拉
功能性	剪蹲跳	药球前抛	躯干旋转药球投抛
力量	硬拉	负重背起	躯干旋转上拉
功能性	深蹲后蹬腿纵跳	药球后抛	躯干旋转药球投抛

注："力量" 5~8 次重复，无休息继续功能性 5 次重复；"其他" 重复 10~20 次或 10~20s，3~4 组。

（二）体能训练课的基本结构

训练课的基本结构是指课的组成部分和进行顺序。一般训练课程都是由准备部分、基本部分和结束部分 3 个部分组成。

1. 准备部分

准备部分又叫准备活动。目的是使运动员调整心理状态、调动各种生理机能，使机体逐渐进入工作状态，为即将从事的训练创造良好的内环境。准备活动分为一般性准备活动和专门性准备活动两个部分。

一般性准备活动，主要任务是全面调动机体的各种器官、系统，提高这些器官、系统的活动性。通常需要连续完成 10 min 以上的、强度不低于耗氧量为最大吸氧量 45%的运动，这样的强度相当于每分钟心率 110~150 次。一般性准备活动所采用的练习方法较为广泛，所用时间也因项目的不同、人群的不同而异，通常采用慢跑和徒手操，或者其他强度不高的练习。

专门性准备活动，一般采用一些专项的基本练习，以促进运动员既从心理上为进入具有特定要求的专项训练做好准备，又使他们的运动系统和内脏器官逐渐进入状态，同时做好技术上的必要准备和承受训练负荷的准备。因此，专门性准备活动应与基本部分的体能训练内容紧密结合，使人体各个组织得到充分调动，以适应接下来的运动负荷。

在体能训练的实践中，准备活动的安排必须与基本部分训练内容紧密结合，把准备活动和一些基本的练习结合起来，才能顺利完成准备活动的任务，且可以提高训练效率。

2. 基本部分

基本部分的训练是整个训练课的核心内容。训练课内容的完成主要靠这一部分来实现，它在整节训练课中所占的时间最多，为 50%~90%。

（1）单项体能训练课的基本部分。单项体能训练课的基本部分时间集中，内容集中，适用于完成需要时间较长的训练任务，如耐力素质训练。

（2）综合体能训练课的基本部分。综合体能训练课是由各种素质的练习叠加起来的，内容丰富且形式多样，因此，在制订综合体能训练课的计划时，应该注意不同训练任务及内容的搭配和顺序安排，并在内容更换时做一些必要的准备活动。一般来说，按柔韧性—速度或力量—耐力的顺序组织实施。综合体能课的负荷曲线根据内容的多少可能出现几次高峰，在换项的间隙处于低谷期。

例如，速度素质的基本部分的练习内容，根据需要可以任选以下几种。

蹲踞式起跑练习 8 次，30 m 跑×6 次×2 组，60 m 跑×6 次×2 组，300 m 跑×3 次×3 组，200 m 跑×3 次×3 组，100 m 跑×3 次×3 组。

3. 结束部分

结束部分也叫整理活动或者放松活动。主要任务是解除训练课上造成的生理、心理上的紧张状态，加速排除运动中体内所堆积的乳酸，补偿运动时的氧供应不足问题，使参与运动的肌肉尽快恢复到运动前的状态。在现代运动训练中，结束部分是关键环节，正确地组织实施训练课的结束部分，对于运动员在训练后的恢复有着重要的促进作用。研究表明，负荷后做适度的放松运动时，乳酸排出的速度比保持安静时约快 2 倍。例如，训练强度为 65%$\dot{V}O_{2max}$，其吸氧量通常在运动后 10 min，平均血压约20 min 可恢复到安静时水平，因此，可以认为在训练课的结束部分中完成约 15 min 的放松活动是适宜的。通常采用的放松方法有慢跑、集体游戏、圆圈式传球或踢传足球、放松体操等。

思考题：

1. 简述制订体能训练计划的依据。
2. 体能训练计划的分类有哪些？结合个人专项制订一份体能训练计划。
3. 简述不同体能训练的负荷特点。

CHAPTER 4 第四章

力量训练

本章提要： 力量水平是构成运动员竞技能力的重要因素，体能训练中力量与爆发力水平不仅制约着其他身体素质的发展，而且对大多数运动项目的运动成绩具有决定性作用。核心力量训练是指对人体核心区域肌群进行力量、平衡、稳定、协调等能力的训练。全面系统的核心力量训练有助于提高人体运动能力，预防运动损伤。本章主要介绍力量的表现形式与种类；力量训练的影响因素；力量训练注意事项；力量训练负荷控制、训练方法与手段及核心力量训练的相关理论与方法等。

第一节　竞技运动中的力量

一、力量的表现形式与种类

力量是指人体神经肌肉系统在工作时克服或对抗阻力的能力，日常生活中人体维持某种身体姿势、机体克服阻力发生位移，或者保持动、静态的平衡与稳定都需要一定水平的肌肉力量。在竞技体育中，力量是构成运动员竞技水平的关键因素之一，运动员想要在赛场上取得优异成绩，良好的力量水平必不可少。体能训练中，根据力量在运动中的表现形式，人们将力量分为最大力量、快速力量（含爆发力）和力量耐力。

最大力量是指神经肌肉系统募集最大限度数量的肌纤维收缩克服阻力的能力。竞技运动中最大力量往往表现在克服和排除阻力的大小上，对于竞技运动员来说，最大力量不是固定不变的，而是经常处在动态变化中，这就要求运动员不断发掘自身能力的极限，这也是竞技运动的魅力所在。最大力量多用于举重、田径的投掷、摔跤、柔道、体操等项目。

快速力量是指神经肌肉系统在一定张力状态下以最快速度收缩的能力。人们通常将其分为起动力量、爆发力和反应力量。运动训练中以快速力量指数来评价快速力量的大小，快速力量指数=F_{max}/T_{max}（即最大力量与达到最大力量所用时间的比值）。从运动生理学角度看，快速力量是神经肌肉系统在瞬间产生或高速收缩过程中表现最大肌力的能力。在大多数运动项目中，快速力量的大小成为决定运动成绩的主要因素。

爆发力作为快速力量的表现形式之一，是指张力已经开始增加的肌肉以最快的速度进一步发挥力量的能力。爆发力表现为肌肉张力的快速增加，在很大程度上由支配肌肉的神经兴奋的特性所决定，它主要取决于运动神经的原始冲动频率和快速动员运动单位的同步化程度。根据肌电图研究，起动力量和爆发力量是两种性质不同的力量，因为两者在产生爆发力量过程中的神经活动方式、运动单位的募集及运动神经发放冲动的频率等方面都存在着差异。国外学者的研究结果表明，当抵抗阻力的力量发挥过程明显长于150 ms时，最大力量成分主要对快速力量起作用；当短时发挥力量的过程小于或等于150 ms时，起动力量和爆发力量则成为快速力量的决定性成分。

力量耐力是指神经肌肉系统在承受一定负荷下长时间工作的能力。力量耐力较为复杂，与其他力量一样，不仅涉及神经—肌肉收缩，而且涉及能量代谢过程，表现为力量与耐力的结合能力。力量耐力受最大力量和耐力因素的影响，如耐力水平一致的运动员，其力量耐力的水平取决于最大力量水平。另外，肌纤维类型、肌红蛋白和血红蛋白含量、有氧及无氧代谢酶等因素也对力量耐力水平具有影响。力量耐力好的人，工作或运动能力强，不易疲劳。在竞技体育中，很多项目需要运动员具备良好的力量耐力，如自行车、游泳、竞走、马拉松、篮球、足球、排球等，均需要具备长时间肌肉工作的能力。因此，力量耐力的水平是影响运动成绩的一个重要因素。

二、力量训练的影响因素

影响力量训练的因素很多。在训练学方面，力量训练受练习手段、训练强度、训练量、间歇时间及训练频率等因素影响。从生物学方面看，除了年龄和性别外，力量与爆发力训练主要受肌肉生理横断面积、肌纤维类型、肌肉收缩形式、神经肌肉的协调与支配能力等各个因素的影响。本节主要对影响力量训练的生物学因素进行讨论。

（一）肌肉生理横断面积

运动中参与的肌纤维数量和单个肌纤维的直径决定肌肉的生理横断面积，肌肉的收缩力量与肌肉的生理横断面积有关。生理学中将横切一块肌肉所有肌纤维所获得的横断面的面积之和称为肌肉的生理横断面积，通常以平方厘米（cm^2）为单位。力量训练会引起肌纤维选择性肥大，肌肉生理横断面积增大，肌肉力量增加。在其他因素相同的情况下，肌肉的生理横断面积越大，肌肉力量也越大，但肌肉的生理横断面积不是影响肌肉力量大小的唯一生理学因素。

（二）肌纤维类型

不同类型的肌纤维在肌肉中所占的比例会影响肌肉的力量水平。快肌纤维含有较多的收缩蛋白，且直径大于慢肌纤维，肌浆网也比慢肌纤维要发达。另外在神经支配上，慢肌纤维是由较小的运动神经元支配，神经纤维较细，传导速度慢，为2~8 m/s。

快肌纤维是由较大的运动神经元支配，神经纤维较粗，传导速度快，可达 8~40 m/s。由此可见，快肌纤维的收缩速度与力量明显大于慢肌纤维，快肌纤维比例高的肌肉收缩力量大于慢肌纤维比例高的肌肉。

（三）肌肉收缩形式

肌肉收缩时产生的力量取决于肌肉的收缩类型与收缩速度。根据肌肉收缩时长度的变化将肌肉的收缩分为 4 种形式：向心收缩、离心收缩、等长收缩和超等长收缩。向心收缩指肌肉收缩时起止点相互靠近，肌肉长度缩短，此时肌肉收缩力量大于外部阻力。向心收缩时肌肉可获得最快的缩短速度，通常情况下肌肉力量克服的阻力越大，其收缩速度越快。向心收缩时肌肉可以是等张收缩，也可以是等动收缩。离心收缩是指肌肉收缩时产生张力的同时被拉长的收缩。例如，掰手腕时输的一方肌肉被动退让，是一种离心收缩；而赢的一方上肢肌肉主动用力，是一种向心收缩。等长收缩也称静力性收缩，指肌肉收缩时产生的力量与外部阻力相等，肌肉长度不变，不产生关节运动。静力性收缩可以为产生运动的肌肉提供稳固的支撑，如起跑的预备姿势。超等长收缩是指肌肉在向心收缩之前先离心拉长，如下蹲跳，跳远、跳高的起跳，快速跑时下肢肌肉的收缩。超等长收缩也叫拉长—缩短周期运动，超等长收缩中产生的力量叫作反应力量。

在不同的运动形式中，肌肉的收缩方式不同，产生的力量大小也不同。一般情况下，向心收缩产生的力量较小，离心收缩产生的力量比向心收缩大 50%左右，比等长收缩大 25%左右；而超等长收缩过程中肌肉先离心拉长，接着快速向心收缩，利用肌肉的神经反射效应和弹性势能产生的力量比单纯的向心收缩产生的力量要大，因此在爆发力训练中经常采用这种练习方式。

（四）参与收缩的肌纤维数量

在完成动作过程中，神经系统需要动员肌纤维通过收缩产生力量，这就是肌纤维的“募集”。运动神经募集的肌纤维越多，收缩时产生的力量越大。肌肉收缩时并不是所有的肌纤维都能被同时动员起来参与活动。研究发现，缺乏训练的人在运动时只能动员肌肉中 60%的肌纤维同时参与收缩，经过专业训练的人可达到 90%。这说明运动训练可以提高神经系统对肌纤维的募集数量，从而增加肌肉力量。

（五）神经系统的兴奋性

力量的大小在肌肉体积、肌纤维类型、肌肉收缩形式等基础上还取决于神经的兴奋性，神经的兴奋性是通过参与兴奋的神经元的数量和发出神经冲动的频率来体现，兴奋性越高，参与的神经元数量和冲动频率越高，肌肉力量则越大。据国外学者研究发现，在肌肉神经活动中，产生最大力量的神经冲动频率为 50 Hz，而完成爆发性快速收缩时神经冲动的频率需达到 100~120 Hz。

人体在运动时当参与运动的神经元被激活以后，还需要进一步提高神经系统的兴奋性，从而募集更多的肌纤维参与收缩。有研究认为，当肌肉以 20%的最大力量收缩时约 40%神经元参与收缩，当肌肉收缩达到最大力量的 50%时，大部分神经元基本都参与收缩。此后，肌肉收缩力量的进一步提高主要是通过提高神经冲动的频率来实现。由此可见，神经系统的兴奋性在力量训练中具有重要作用，在提高力量和快速力量的训练过程中应注重发展神经系统的适应性和兴奋性。

（六）神经肌肉的协调与支配能力

协调性对力量的影响包括两个方面，即神经系统间的协调性和肌肉之间的协调性。人体在运动时不同的肌肉受不同神经的支配，神经系统之间的协调配合可有效提高肌肉的工作效率，减少不必要的能量消耗，为力量训练创造平台。神经系统对肌肉的协调支配能力可通过训练得到提高，如在动作学习达到自动化阶段时神经系统的协调性也越高。另外，肌肉间的协调性同样重要，人体所有技术动作的完成都是通过各个肌肉之间的共同参与来实现，不同肌肉之间的收缩在时间上优化配合，参与运动的主动肌、协同肌和拮抗肌按不同需要被动员起来。一般认为，主动肌应被最大限度动员，协同肌和拮抗肌则需适度动员，通过训练降低肌肉对大强度刺激的抑制作用，使整个参与工作的肌肉张弛有度，形成一个合理的用力链，最大化提高肌肉收缩力量。

三、力量训练注意事项

（一）练习顺序

力量训练中需要考虑训练的科学性和合理性，因此在训练时应该按照一定的顺序进行。通常先进行大肌群训练，再进行小肌群训练；多关节应该在单关节之前进行训练；爆发力训练应安排在训练课的前半段和基础力量训练之前；上肢练习与下肢练习交替进行，这样可以使主动肌工作时，拮抗肌得到一定休息，从而确保训练强度与训练量的完成；另外，对一些不同肌群的训练可以穿插在其他练习之间进行，例如，在上肢力量练习组之间可以穿插核心力量练习，这样在组间间歇较长时间时可提高训练效率。

（二）训练单元结构

在制订力量训练计划时应根据训练中参与的肌群数量设计训练单元结构。训练计划一般分为全身训练单元，上、下肢分开的训练单元和各肌群分开训练单元。全身训练单元中会对所有的大肌群进行训练，每个肌群安排一到两种训练动作，同时还会根据需要做一些小肌群的针对性训练。上、下肢分开的训练单元是指在一次训练课中只进行上肢训练，另一次课中进行下肢训练，在这种训练单元中需要注意练习顺序，避免肌肉疲劳而导致损伤。各肌群分开训练单元是指在一次训练课中针对特定肌群进行训练，如先训练股四头肌，再训练股二头肌。所有的训练单元设计都可以提高练习者的力量与爆发力水平，教练员需要根据运动员的训练水平、训练目标及训练频率等因素合理选择训练单元结构。

（三）单关节与多关节训练

力量训练中通常分为单关节训练与多关节训练。单关节是指针对单一关节或主要肌群进行的训练，而多关节练习则是针对多个关节和肌群的训练。这两种练习方式均可以提高肌肉力量，但建议在训练中加大多关节训练比例。因为在竞技体育中，所有运动技术的完成并非单一关节参与，大部分运动项目都是人体在矢状面、额状面和水平面 3 个平面中进行的多关节、多肌群参与的全身运动。因此，多关节力量与爆发力训练更贴近专项需求。

（四）充分的热身运动

力量训练前的热身运动在运动训练中具有重要作用。科学高效的热身活动能够降低肌肉黏滞性，增强机体氧运输能力，提高神经冲动，提高力量与爆发力的增长率，降低损伤风险等。研究表明，在大学摔跤运动员的赛季前训练中，进行为期 4 周的训练前动态拉伸练习后，运动员的力量、爆发力、灵敏性、肌肉耐力等都得到显著提高。力量训练前的热身运动通常是以激活神经与肌肉为目的，进行一些多关节、多肌群参与的动态运动。一套动态运动由 8~12 个动作组成，动作难度从简单到复杂，热身运动强度的控制应不使机体产生过度疲劳。

第二节 力量训练的方法与手段

一、力量训练的要素

长期进行力量训练可促使神经系统、肌肉系统、心肺系统和内分泌系统产生积极适应，从而增大肌肉体积、增强肌肉力量与爆发力。其中，神经系统的适应可使参与运动的神经元募集更多的肌纤维参与运动，肌肉系统的适应表现为肌纤维增粗、肌肉体积增大、酶活性增强等。心肺系统的适应表现为心肌增厚、心腔扩大，心脏的泵血效率提高。内分泌系统中的激素（如儿茶酚胺）可提高肌肉能力，其他一些激素在力量训练后的组织恢复与再生中同样起着关键作用。以上系统的共同适应可有效促进力量与爆发力水平的提高，但如何使各系统的适应能力最大化，这在很大程度上取决于教练员在制订训练计划时针对个体差异所选择的训练强度、训练频率和动作速度等因素。

（一）训练强度

在力量训练中通常用机体所承受最大负荷重量（1RM）的百分比来表示训练强度。训练强度与训练量、重复次数、动作频率及间歇时间等因素有关。训练强度的选择取决于练习者的训练水平与训练目标。例如，对于未接受过力量训练的初级水平练习者可采用 45%~50% 1RM（或更低）的中、低强度训练来发展肌肉力量；随着训练水平的提高可采用 80%~85% 1RM 的大强度训练来发展最大力量；同时可根据项目需要针对高水平运动员采用 100% 1RM 或大于 100% 1RM（一般超过 10%~30%）的超大强度训练提高最大量水平。需要注意的是，在进行超大强度训练时必须有专人协助或保护才可以进行，所有训练强度的增加都要遵守循序渐进的原则。

（二）训练量

训练量是指练习者在一次训练课完成所有内容重复的次数和组数之和，教练在训练中可以通过控制重复次数与组数来控制训练量。在安排训练量时，教练员应充分考虑训练目的、运动形式和练习者的训练水平等因素，通常训练强度与每组重复次数成反比，即强度越大，每组重复次数越少，反之则越多。在训练组数的安排上建议对于初级水平练习者每项练习可做 1~3 组，中、高级水平练习者可增加至 2~6 组。组数安排可采用“固定负荷/次数”（每组练习的次数和重量相等）、“递增负荷”（每组重量不断增加，重复次数保持不变或减少）、“递减负荷”（每组重量不断减少，重复次数保持不变或增加）。这 3 种方法各有利弊，需要注意的是在进行“递减负荷”练习时要求练习者必须在充分热身的情况下进行。此外，并非所有的练习都要做相同的组数，训练量的安排主要取决于训练的侧重点与训练水平。

（三）训练频率

训练频率指每周进行力量与爆发力训练的次数，其主要受训练量、训练强度、练习者的体能水平及营养与恢复能力等因素影响。研究发现，每天进行力量训练者，训练 10 天后肌肉力量增长 47%，而以同样的训练负荷对同一受试者进行隔天训练，经过 10 次训练后肌肉力量提高 77.6%。另有研究表明，运动员每周训练 4~5 天比每周训练 3 天或者 6 天的效果要好。训练频率与训练水平相关，通常建议对初级水平练习者可采用每周 2~3 天的隔日训练，而高水平运动员的力量训练频率则有很大差异，如高水平举重运动员每周会进行 4~6 天的高频率力量训练。

（四）动作速度与组间间歇时间

力量训练中的动作速度直接影响神经支配、肌纤维募集及能量代谢等生理过程。例如，在进行爆发力训练时，练习者要以最快的速度完成动作，这就要求神经系统必须在短时间内快速反应，并最大化募集肌纤维参与到运动中。如果此时速度达不到要求，则会降低肌纤维的激活水平，人体的总发力会受到一定损失。相反，在以发展肌肉耐力或增大肌肉体积为目的进行训练时，可适当降低完成动作的速度，使肌肉持续紧张，以此刺激肌肉中糖的分解和氧化。

组间间歇时间长短取决于训练强度、训练目标、体能水平及供能系统的发挥情况。间歇时间会影响肌肉的代谢水平、心肺系统的适应及激素分泌等，因此需要根据训练目的、肌肉力量水平和训练强度等因素合理控制间歇时间。对力量训练的研究表明，组间休息时间较长（如 2~3 min）与休息时间较短（如 30~40 s）相比，较长时间休息对力量的提高程度更大，但是并不是每项练习都要采用相同的间歇时间。例如，在进行力量耐力训练时通常采用较短的间歇时间（≤30 s），而在进行爆发力训练时由于主要是靠 ATP-CP 系统供能，而该系统的恢复时间则需要 3 min 左右。

二、力量训练方法

（一）杠铃训练方法

1. 杠铃深蹲

目的：发展大腿、臀部、核心区肌肉力量。

方法：杠铃位于杠铃架上，双脚分开，与肩同宽，站立于杠铃下方，双手对称握住杠铃杆，使杠铃落在斜方肌上方，颈部正下方（图 4-2-1A）；收紧核心，挺胸，以髋关节为轴，屈膝下蹲至大腿与地面平行时回到起始动作（图 4-2-1B 和 C），重复练习。

（A）　（B）　（C）

图 4-2-1　杠铃深蹲

2. 杠铃硬拉

目的：发展上肢、腰背部、髋部、臀部及腘绳肌等肌肉力量。

方法：将杠铃置于地面，双脚分开，与髋同宽，站立于杠铃后方，小腿靠近杠铃杆，收紧核心并保持后背挺直，屈膝屈髋，双手与髋同宽抓握杠铃杆（图 4-2-2A）。

双腿发力，提起杠铃，起身时使杠铃杆贴近腿部，当杠铃杆过膝之后，伸展髋部使身体完全直立（图 4-2-2B 和 C）。用相反的顺序将杠铃放回地面，重复练习。

（A）　（B）　（C）

图 4-2-2　杠铃硬拉

3. 杠铃仰卧推举

目的：发展胸大肌、肱三头肌、三角肌前束肌肉力量。

方法：杠铃位于杠铃架上，身体躺在健身椅上，双脚平放于地面，双手抓住杠铃杆，宽度略宽于肩（图 4-2-3A）。双臂伸直将杠铃从架子上取下，屈肘使杠铃杆下降至胸部，当杠铃杆贴近胸部时，将其推回到起始位置（图 4-2-3B 和 C），重复练习。

（A）　（B）　（C）

图 4-2-3　杠铃仰卧推举

4. 杠铃站姿推举

目的：发展三角肌、肱三头肌和斜方肌肌肉力量。

方法：杠铃位于杠铃架上，高度略低于肩，站立于杠铃后方，双脚分开，与肩同宽，双手抓握杠铃杆，宽度略宽于肩，将杠铃取下置于锁骨处并向后退几步（图 4-2-4A）。伸展手臂将杠铃杆推举过头顶正上方，此时头部、肩部、髋部、膝盖和脚踝呈一条直线（图 4-2-4B），将杠铃杆下降至起始位置，重复练习。

(A)

(B)

图 4-2-4 杠铃站姿推举

5. 杠铃站姿提拉

目的：发展斜方肌、前三角肌、肱二头肌和肩部肌肉力量。

方法：双肩分开与髋同宽，膝盖微屈，双臂伸直，双手抓握杠铃，宽度略宽于肩，身体直立保持核心收紧（图 4-2-5A）。将杠铃贴近身体垂直提拉至胸部，手肘与肩部保持水平位置时（图 4-2-5B）将杠铃下降至起始位置，重复练习。

(A)

(B)

图 4-2-5 杠铃站姿提拉

6. 杠铃提铃至胸

目的：发展三角肌、上背部、腿部、臀部、核心区肌肉力量与爆发力。

方法：将杠铃置于地面，双脚分开，与髋同宽，站立于杠铃后方，小腿贴近杠铃杆，双眼平视前方，双臂垂直，背部收紧，屈膝、屈髋至半蹲（图 4-2-6A）。双手紧握杠铃杆，腿部发力在恢复站姿的同时快速将杠铃提至上胸部时翻握杠铃，恢复站姿（图 4-2-6B 和 C）。

(A)　　(B)　　(C)

图 4-2-6　杠铃提铃至胸

7. 杠铃挺举

目的：发展三角肌、肱三头肌、竖脊肌及菱形肌等肌肉力量。

方法：将杠铃置于地面，双脚分开，与髋同宽，站立于杠铃后方，屈膝、屈髋下蹲，双臂垂直，双手抓握杠铃，收紧背部（图 4-2-7A）。腿部发力在恢复站姿的同时快速将杠铃提拉至上胸部时翻握杠铃（图 4-2-7B），再将杠铃推举至头顶（图 4-2-7C）。相反顺序将杠铃放回地面，重复练习。

(A)　　(B)　　(C)

图 4-2-7　杠铃挺举

8. 杠铃俯身划船

目的：发展背阔肌、大圆肌、斜方肌和菱形肌肌肉力量。

方法：将杠铃置于地面，双脚分开，与髋同宽，站立于杠铃后方，双腿稍屈膝，屈髋至上半身与地面呈 45°，双臂伸直，双手紧握杠铃杆（图 4-2-8A）。收紧肩胛骨保持背部挺直收紧，将杠铃提至上腹部（图 4-2-8B），稍停顿后将杠铃放回地面，重复练习。

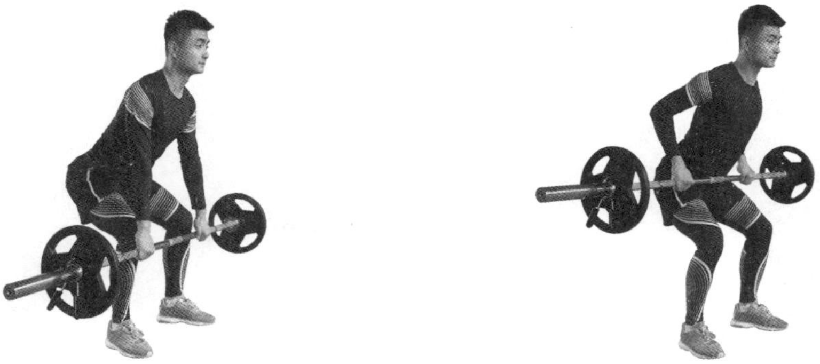

(A) (B)

图 4-2-8 杠铃俯身划船

9. 杠铃颈前深蹲

目的：发展股四头肌、股二头肌和臀部肌群力量。

方法：杠铃位于杠铃架上，高度与肩同高，站立于杠铃后方，双脚分开，与肩同宽，双肘抬高，双臂交叉，使杠铃杆位于三角肌顶端（图 4-2-9A）。将杠铃取下并向后退几步，收紧核心，抬头挺胸，目视前方，以髋关节为轴，屈膝下蹲至大腿与地面平行时回到起始动作（图 4-2-9B），重复练习。

(A) (B)

图 4-2-9 杠铃颈前深蹲

10. 杠铃箭步蹲

目的：发展股四头肌、股二头肌、臀大肌、核心区及小腿肌群肌肉力量。

方法：杠铃位于杠铃架上，双脚分开，与肩同宽，站立于杠铃下方，双手对称握住杠铃杆，使杠铃落在斜方肌上方，颈部正下方（图 4-2-10A）。收紧核心，挺胸，右腿向前迈出一步，屈膝下蹲至大腿与地面平行（图 4-2-10B），双腿同时发力，起立的同时收右腿回到起始位置，换左腿练习（图 4-2-10C），双腿交替，重复练习。

（A）　（B）　（C）

图 4-2-10　杠铃箭步蹲

（二）壶铃训练方法

1. 壶铃硬拉

目的：发展腿部、臀部、背部及核心肌群肌肉力量。

方法：壶铃位于身体前方，双脚分开与肩同宽，双膝微弯曲，以髋为轴上体前倾保持背部平直，双臂垂直紧握壶铃（图 4-2-11A）。双腿发力，髋部向前推提起壶铃，伸展髋部使身体完全直立（图 4-2-11B 和 C）。相反的顺序将壶铃放回地面，重复练习。

（A）　（B）　（C）

图 4-2-11　壶铃硬拉

2. 壶铃摆动

目的：发展臀部、大腿和下背部肌肉力量。

方法：双脚分开与肩同宽站立，双手持壶铃置于两腿之间，背部保持平直，上体以髋为轴向前倾的同时双手向后摆动壶铃，髋部发力向前推，双手直臂向前摆动壶铃至与肩同高的位置，充分伸展髋、膝、踝，重复练习（图 4-2-12）。

（A）　（B）　（C）

图 4-2-12　壶铃摆动

3. 壶铃俯身划船

目的：发展肩部、背部和上肢肌肉力量。

方法：双脚分开与肩同宽站立，双膝微屈。上体稍向前倾保持背部挺直，双手持壶铃置于身体前方（图 4-2-13A），弯曲双肘向上提拉壶铃（图 4-2-13B），回到起始位置，重复练习。

（A）　（B）

图 4-2-13　壶铃俯身划船

4. 壶铃深蹲

目的：发展臀部、腿部和肩部肌肉力量。

方法：双脚分开略比肩宽站立，双手持壶铃位于胸前，手肘尽量内收，背部收紧，抬头挺胸（图 4-2-14A），以髋为轴屈膝下蹲至大腿与地面平行时回到起始位置（图 4-2-14B），重复练习。

（A）　　（B）

图 4-2-14　壶铃深蹲

5. 壶铃推举

目的：发展肱三头肌、肩部及核心肌群肌肉力量。

方法：双脚分开与肩同宽站立，双手各持一只壶铃置于肩部侧面，双手掌心相对（图 4-2-15A）。双手同时发力将壶铃推举过头顶，推举过程中旋转手臂使双手掌心朝前（图 4-2-15B）。回到起始位置，重复练习。

（A）　　（B）

图 4-2-15　壶铃推举

6. 壶铃交替俯卧撑

目的：发展上肢、背部、胸部及腹部肌肉力量。

方法：双手持壶铃身体呈俯卧撑屈臂姿势（图 4–2–16A），将右手壶铃拉向胸部的同时左臂推壶铃伸直（图 4–2–16B），放下壶铃屈臂换左手提拉壶铃（图 4–2–16C），双手臂交替，重复练习。

（A）（B）（C）

图 4–2–16 壶铃交替俯卧撑

7. 壶铃“8”字绕腿

目的：发展腹部、腿部和肩部肌肉力量。

方法：双脚分开略比肩宽站立，双膝稍弯曲，上体前倾，保持背部收紧，右手持壶铃置于两腿之间靠近右腿内侧位置（图 4–2–17A）。将壶铃传向左腿，用左手从左腿后方接住壶铃后将壶铃绕过左腿前方传向右腿，右手从右腿后方接住壶铃（图 4–2–17B 和 C），左右手交替，重复练习。

（A）（B）（C）

图 4–2–17 壶铃“8”字绕腿

8. 壶铃风车

目的：发展腹部、臀部、腿部及肩部肌肉力量。

方法：双脚分开略比肩宽站立，右手持壶铃举过头顶，左手自然下垂置于体侧（图 4–2–18A）。双腿稍屈膝向下，将右侧臀部向右侧推出，同时躯干向左侧屈

（图 4-2-18B），稍作停顿后回到起始位置，左右侧交替，重复练习。

（A）　　（B）

图 4-2-18　壶铃风车

9. 壶铃仰卧飞鸟

目的： 发展胸大肌、肱三头肌和三角肌前束肌肉力量。

方法： 身体呈仰卧姿势，两腿弯曲，大小腿约呈 90°，双脚着地，双手持壶铃侧平举，肘关节稍弯曲（图 4-2-19A），双手将壶铃推起至两臂伸直（图 4-2-19B）。手臂下落回到起始位置，重复练习。

（A）　　（B）

图 4-2-19　壶铃仰卧飞鸟

10. 壶铃箭步蹲

目的： 发展腿部、臀部和肩部肌肉力量。

方法： 双脚分开与肩同宽站立，右手持壶铃屈臂，手的高度约与肩平，左手位于体侧自然下垂（图 4-2-20A）。左腿向前迈出一步，屈髋、屈膝使左腿大腿与地面平行呈箭步蹲姿势，左腿上步的同时右手臂持壶铃垂直向上推举至最高点（图 4-2-20B）。左脚蹬地收回，右手臂同时回落，身体回到起始姿势，左右侧交替，重复练习（图 4-2-20C 和 D）。

（A） （B） （C） （D）

图 4-2-20 壶铃箭步蹲

（三）力量绳训练方法

1. 力量绳开合跳

目的： 发展上肢、核心、下肢爆发力与力量耐力。

方法： 双手反握力量绳自然置于腹部，双脚站立（图 4-2-21A）。训练时双手持力量绳快速经体侧至头顶做圆周运动，双脚配合双手进行开合运动（图 4-2-21B 和 C），重复练习。

（A） （B） （C）

图 4-2-21 力量绳开合跳

2. 跳跃砸绳

目的： 发展上肢、背部、腹部及下肢爆发力与力量耐力。

方法：身体呈站立姿势，双脚分开与髋同宽，双手正握力量绳置于体前腰部位置（图 4-2-22A）。训练时双腿、双臂和背部同时发力向上起跳，利用爆发力向前上方摆动力量绳，落地时双臂向下快速摆动将力量绳砸向地面（图 4-2-22B 和 C），重复练习。

（A）（B）（C）

图 4-2-22　跳跃砸绳

3. 力量绳左右旋转

目的：发展上肢爆发力、核心肌群旋转爆发力与力量耐力。

方法：身体呈站立姿势，双脚分开略比肩宽，双手反握力量绳置于体前腰部位置（图 4-2-23A）。训练时右脚蹬地，双手持力量绳向左侧方旋转摆动手臂和身体（图 4-2-23B），左脚蹬地做反侧训练（图 4-2-23C），左右侧交替，重复练习。

（A）（B）（C）

图 4-2-23　力量绳左右旋转

4. 坐姿俄式甩绳

目的：发展核心肌群旋转爆发力及力量耐力。

方法：身体呈坐姿，双手反握力量绳置于胸前位置（图 4-2-24A）。训练时核心肌群发力，双手持力量绳分别向左、右侧做最大幅度旋转（图 4-2-24B 和 C），重复练习。

（A）　　（B）　　（C）

图 4-2-24　坐姿俄式甩绳

5. 双手波浪

目的：发展上肢爆发力、力量耐力及核心稳定性。

方法：身体呈半蹲姿势，双脚分开略比肩宽，大腿与地面平行，双手正握力量绳置于体前腰部位置（图 4-2-25A）。训练时保持核心收紧，背部挺直，双手同时快速上下甩动力量绳（图 4-2-25B 和 C）。

（A）　　（B）　　（C）

图 4-2-25　双手波浪

6. 双手交替波浪

目的：发展上肢爆发力、力量耐力及核心稳定性。

方法：身体呈半蹲姿势，双脚分开略比肩宽，大腿与地面平行，双手正握力量绳置于体前腰部位置；训练时保持核心收紧，背部挺直，双手交替快速上下甩动力量绳（图 4-2-26）。

（A）　　（B）

图 4-2-26　双手交替波浪

7. 双手内/外画圈

目的：发展上肢爆发力、力量耐力及背部肌肉力量。

方法：身体呈站立姿势，双脚分开略比肩宽，双手反握力量绳置于胸前位置（图 4-2-27A）。训练时双腿稍屈膝，上半身微向前倾，双手持力量绳同时向内、向外侧方快速大幅度画圆（图 4-2-27B 和 C），重复练习。

（A）　（B）　（C）

图 4-2-27　双手内/外画圈

8. 双手击掌

目的：发展上肢爆发力、力量耐力及背部肌肉力量。

方法：身体呈半蹲姿势，双脚分开略比肩宽，大腿与地面平行，双手反握力量绳置于胸前位置（图 4-2-28A）。训练时保持核心收紧，背部挺直，双手快速向内击掌（图 4-2-28B），重复练习。

（A）　（B）

图 4-2-28　双手击掌

9. 坐姿双手波浪

目的：发展上肢、腹部、腿部肌肉力量耐力及核心稳定性。

方法：身体呈坐姿，双脚抬离地面，身体上半身稍向后仰，双手正握力量绳置于身体两侧（图 4-2-29A）。训练时抬头挺胸，保持核心收紧，背部挺直，双手同时快速上下甩动力量绳（图 4-2-29B 和 C）。

（A） （B） （C）

图 4-2-29 坐姿双手波浪

10. 跪姿双手交替波浪

目的：发展上肢爆发力、力量耐力及核心稳定性。

方法：身体呈高跪姿，双膝分开与髋同宽，大腿与地面平行，双手正握力量绳置于体前腰部位置（图 4-2-30A）。训练时保持核心收紧，背部挺直，双手交替快速上下甩动力量绳（图 4-2-30B 和 C）。

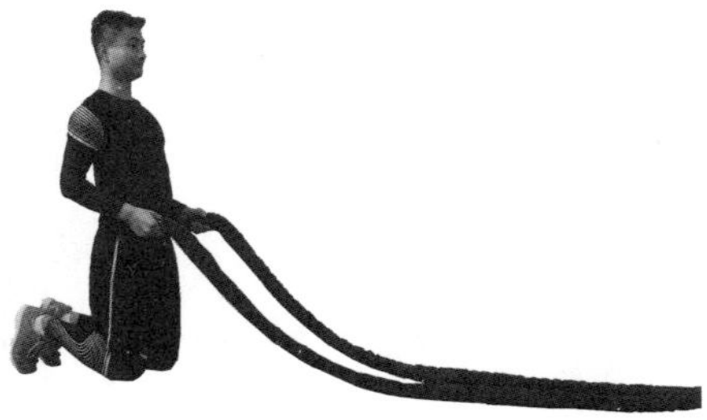

（A）

（B） （C）

图 4-2-30 跪姿双手交替波浪

（四）药球训练方法

1. 药球俄罗斯转体

目的：发展核心肌群肌肉力量和力量耐力。

方法：身体呈坐姿，双脚抬离地面，身体上半身稍向后仰，双手持药球置于腹前位置（图 4-2-31A）。训练时抬头挺胸，保持核心收紧，背部挺直，双手持球快速左右转体练习时，使药球触地（图 4-2-31B 和 C）。

（A）　（B）　（C）

图 4-2-31　药球俄罗斯转体

2. 药球俯卧撑

目的：发展胸部、背部、肩部肌肉力量及核心稳定性。

方法：身体呈俯卧姿势，右手臂放在地上，手臂伸直，左手放在药球上，手肘稍弯曲，确保双肩与地面平行，收紧核心保持身体伸直（图 4-2-32A），弯曲双肘在球的右侧做俯卧撑动作，当手肘弯曲到 90°角时，手臂向上推起至起始位置（图 4-2-32B 和 C），左右手交换，重复练习。

（A）　（B）　（C）

图 4-2-32　药球俯卧撑

3. 药球深蹲头上举

目的：发展臀部、腿部、背部、核心与上肢肌肉力量。

方法：身体呈站姿，双脚分开略比肩宽，双手屈肘持药球位于胸前，手肘稍向外打开，背部收紧，抬头挺胸（图 4-2-33A），以髋为轴屈膝下蹲至大腿与地面平行的同时，双手将药球垂直上举过头顶（图 4-2-33B），回到起始位置，重复练习。

（A）　（B）

图 4-2-33　药球深蹲头上举

4. 药球过头摔砸

目的：发展上肢及躯干爆发力。

方法：身体呈站姿，双脚分开与肩同宽，双手持药球位于胸前。练习时保持核心收紧，双手将药球上举至头顶，使身体充分展开（图 4-2-34A），接着将臀部用力往后顶，用核心肌群的力量将球砸向距离身前 2~3 米的地面（图 4-2-34B 和 C），重复练习。

（A）（B）（C）

图 4-2-34 药球过头摔砸

5. 背抛药球

目的：发展上肢及躯干爆发力。

方法：身体呈站姿，双脚分开与肩同宽，双手持药球位于胸前。训练时保持核心收紧，背部挺直，微屈膝下蹲，以髋为轴上半身稍向前倾，伸直手臂将药球置于双腿之间（图 4-2-35A），身体向上发力，将药球向后 45°角抛出（图 4-2-35B），重复练习。

（A）（B）

图 4-2-35 背抛药球

6. 药球单腿罗马尼亚硬拉

目的：发展下肢、臀部、背部及上肢肌肉力量。

方法：身体呈站姿，双脚分开与肩同宽，双手持药球垂直位于胸前。训练时保持核心收紧，背部挺直，左腿支撑（图 4-2-36A），将右脚向后抬起同时身体以髋为轴向前倾，使躯干几乎与地面平行（图 4-2-36B），回到起始动作，重复练习。

（A） （B）

图 4-2-36 药球单腿罗马尼亚硬拉

7. 药球左右转体摔砸

目的：发展上肢及躯干旋转爆发力。

方法：身体呈站姿，双脚分开比肩宽，双手持药球垂直位于胸前。训练时稍屈膝，身体重心下沉，以左脚为轴，旋转身体将球砸向右脚外侧 1 米左右的地面（图 4-2-37A），接住反弹回的球，再以右脚为轴将球砸向左脚外侧地面（图 4-2-37B），重复训练。

（A） （B）

图 4-2-37 药球左右转体摔砸

8. 药球弓步旋转

目的：发展下肢肌肉力量及核心稳定性。

方法：身体呈站姿，双脚分开与肩同宽，双手持药球位于胸前，手肘弯曲（图 4-2-38A）。训练时保持背部挺直，核心收紧，右脚向前迈出一大步，身体重心垂直向下呈弓步的同时，双手持药球与上半身一起向右旋转，右脚蹬地回到起始位置，换左脚练习（图 4-2-38B 和 C），重复训练。

（A）　（B）　（C）

图 4-2-38　药球弓步旋转

9. 药球仰卧卷腹

目的：发展腹部、肩部肌肉力量。

方法：身体呈仰卧姿势，双腿抬离地面，大小腿呈 90°角，小腿与地面平行，双手持药球举至身体正上方（图 4-2-39A）。训练时腹部用力将上半身抬起至上背部离开地面（图 4-2-39B），稍作停留后回到起始位置，重复练习。

（A）　（B）

图 4-2-39　药球仰卧卷腹

10. 药球 ABC 下蹲

目的：发展下肢、臀部、上肢及躯干肌肉力量。

方法：身体呈站姿，双脚分开与肩同宽，双手持药球位于胸前，手肘弯曲。训练时保持背部挺直，核心收紧，屈膝、屈髋下蹲至大腿与地面平行，同时将球沿身体正前方平行推出（图 4－2－40A）。回到起始位置，再次下蹲将球推出至身体右前方（图 4-2-40B）。回到起始位置，再次下蹲将球推出至身体左前方（图 4-2-40C），回到起始位置。重复 3 个不同方向的训练。

（A）　（B）　（C）

图 4-2-40　药球 ABC 下蹲

（五）跳箱训练方法

1. 双脚跳下

目的：发展双腿爆发力。

方法：双脚站立于高度为 60~90 cm 的跳箱上，跳下，起跳后腾空阶段充分伸展身体，落地时前脚掌着地，屈膝缓冲，收紧背部，身体呈半蹲姿势，避免膝关节过度前伸（图 4-2-41）。回到跳箱，重复练习。

（A）　（B）　（C）　（D）

图 4-2-41　双脚跳下

2. 双脚跳上

目的：发展腿部、臀部肌肉爆发力。

方法：双脚分开，与肩同宽，面对高度为30~90 cm的跳箱站立，摆动双臂，屈膝下蹲，双脚蹬地的同时手臂带动身体快速向前上方跳起，双脚落于跳箱上，落地时屈膝缓冲（图4-2-42）。回到地面，重复练习。

（A）　（B）　（C）

图4-2-42　双脚跳上

3. 双脚连续上、下跳

目的：发展双腿爆发力。

方法：双脚分开，与肩同宽，面对高度为60~90 cm的跳箱站立，摆动双臂，屈膝下蹲，双脚蹬地的同时手臂带动身体快速向前上方跳起，双脚落于跳箱上屈膝缓冲，再继续向前上方跳起，双脚落地屈膝缓冲后再次起跳落于下一个跳箱上（图4-2-43），重复练习。

（A）　（B）　（C）　（D）

图4-2-43　双脚连续上、下跳

4. 弓步交换跳

目的：发展单腿爆发力。

方法：面对高度为30~60 cm的跳箱站立，右腿支撑，左脚位于跳箱上，训练时左脚发力配合双臂摆动向上跳起，左右腿在空中交换，落地时右脚落在跳箱上，左脚落于地面支撑（图4-2-44）。

（A）　（B）　（C）

图4-2-44　弓步交换跳

5. 双脚侧向跳上

目的：发展双腿爆发力。

方法：双脚分开，与肩同宽，侧对（左/右侧）高度为30~60 cm的跳箱站立，摆动双臂，屈膝下蹲，双脚蹬地的同时手臂带动身体快速向左/右侧上方跳起，双脚落于跳箱上，落地时屈膝缓冲（图4-2-45）。回到地面，重复练习。

（A）　（B）　（C）

图4-2-45　双脚侧向跳上

6. 双脚侧向连续上、下跳

目的：发展双腿爆发力。

方法：双脚分开，与肩同宽，侧对高度为 30~60 cm 的跳箱站立，摆动双臂，屈膝下蹲，双脚蹬地的同时手臂带动身体快速向左侧上方跳起，双脚落于跳箱上屈膝缓冲，再继续向左侧上方跳起，双脚落地屈膝缓冲后，再次向左侧上方起跳落于下一个跳箱上（图 4-2-46），重复练习。

(A)　(B)　(C)

图 4-2-46　双脚侧向连续上、下跳

7. 双脚前跳

目的：发展双腿爆发力。

方法：双脚站立于高度为 60~90 cm 的跳箱上，跳下，起跳后腾空阶段充分伸展身体，落地时前脚脚掌着地，屈膝缓冲，收紧背部，身体呈半蹲姿势（图 4-2-47）。再连续向前跳起。回到跳箱，重复练习。

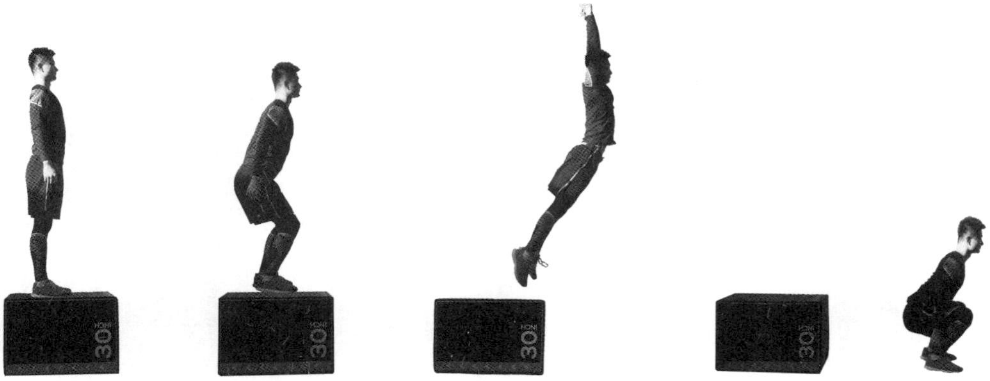

(A)　(B)　(C)　(D)

图 4-2-47　双脚前跳

8. 左、右腿单腿跳上

目的：发展单腿爆发力。

方法：面对高度为 30~60 cm 的跳箱左腿站立，右腿屈膝向后抬起，使其腾空。训练时左腿屈膝下蹲，左脚用力蹬地配合手臂摆动，使身体向前上方跳起，双脚落于跳箱上，落地时屈膝缓冲，收紧背部（图 4-2-48）。回到地面，左右腿交替重复练习。

（A）　（B）　（C）

图 4-2-48　左、右腿单腿跳上

9. 左右侧蹬推

目的：发展双腿爆发力。

方法：侧对高度为 30~60 cm 的跳箱站立，右腿支撑，左脚位于跳箱上，左腿发力配合手臂摆动向左上方起跳，落地时右脚落于箱子左侧，左脚落地支撑（图 4-2-49）。右腿向右侧，重复练习。

（A）　（B）　（C）

图 4-2-49　左右侧蹬推

（六）徒手训练方法

1. 徒手深蹲

目的：发展腿部、臀部及核心区肌肉力量。

方法：双脚分开略比肩宽站立，脚尖稍向外打开（图 4-2-50A），下蹲时膝盖与脚尖方向一致，屈髋、屈膝，保持背部平直，收紧核心，下蹲至大腿与地面平行（图 4-2-50B）。起立回到起始位置，重复练习。

（A）

（B）

图 4-2-50　徒手深蹲

2. 俯卧开合跳

目的：发展肩部、背部、核心区肌肉力量及肩关节稳定性。

方法：俯卧于地面，双肘撑地，双腿依次开合跳跃，训练过程中确保腹部收紧，双膝伸直，控制臀部上下运动幅度，避免幅度过大（图 4-2-51）。

（A）

（B）

（C）

图 4-2-51　俯卧开合跳

3. 俯身“Y-W”形伸展

目的：发展肩部、背部肌肉力量。

方法：双脚分开与肩同宽，双腿稍屈膝俯身，上半身与地面呈 45°角，收紧背部，确保头部与脊柱呈一条直线，双手握拳，拇指朝上，屈肘位于身体两侧，夹紧双肘肩部放松，双臂与身体呈“W”形（图 4-2-52A），训练时双臂向身体斜上方推出，与身体呈“Y”形（图 4-2-52B）。回到“W”形位置，重复练习。

（A）正面　（A）侧面　（B）正面　（B）侧面

图 4-2-52　俯身“Y-W”形伸展

4. 锯式平板支撑

目的：发展腹部肌肉力量及核心稳定性。

方法：身体呈平板支撑姿势俯卧于地面，双臂屈肘支撑，小臂贴近地面。训练时收紧核心，确保身体呈一条直线。在此基础上，转动脚趾使身体前后移动（图 4-2-53）。

（A）　（B）

图 4-2-53　锯式平板支撑

5. 仰卧交替抬腿

目的：发展腹部和腿部肌肉量。

方法：仰卧于地面，双手掌心朝下位于身体两侧。训练时收紧腹部，双腿并拢勾脚尖，同时抬离地面，与地面约呈 45°角。在此高度，交替抬腿（图 4-2-54）。

（A）　（B）　（C）

图 4-2-54　仰卧交替抬腿

6. 单腿两头起

目的：发展腹部和腿部肌肉量。

方法：仰卧于地面，双臂垂直上举，掌心相对（图 4-2-55A）。训练时腹部发力将上半身与一侧腿同时抬起，双手触碰小腿胫骨位置，回到起始仰卧位置，另一侧腿重复此动作，双腿交替重复练习（图 4-2-55B 和 C）。

（A）　（B）　（C）

图 4-2-55　单腿两头起

7. 90°卷腹

目的：发展腹部肌肉力量。

方法：仰卧于地面，双腿屈膝抬起，大小腿呈 90°角，双手位于头两侧，掌心朝上。训练时腹部发力使上半身抬离地面，在最高点停留 1～2 s 后回到起始位置（图 4-2-56），重复练习。

（A）　（B）

图 4-2-56　90°卷腹

8. 俯卧侧提膝

目的：发展腹部、腰背部和臀部肌肉力量。

方法：身体呈标准俯卧撑姿势俯卧于地面，双手与肩同宽，手肘微屈，垂直位于肩关节正下方，双腿与身体呈一条直线（图 4-2-57A）。训练时一侧腿支撑，将另一侧腿屈膝提至体侧，同侧手臂屈肘向膝关节靠近，停留 1～2 s 回到起始位置，进行另一侧练习（图 4-2-57）。左右侧交替，重复练习。

(A)　(B)　(C)

图 4–2–57　俯卧侧提膝

9. 俯卧挺身转体

目的：发展背部和腰部肌肉力量。

方法：俯卧于地面，双手位于头部两侧，双脚绷脚尖使身体呈一条直线（图 4–2–58A）。训练时背部发力带动上半身抬离地面，身体依次向左、右侧做最大幅度转体（图 4–2–58B 和 C）。回到起始位置，重复练习。

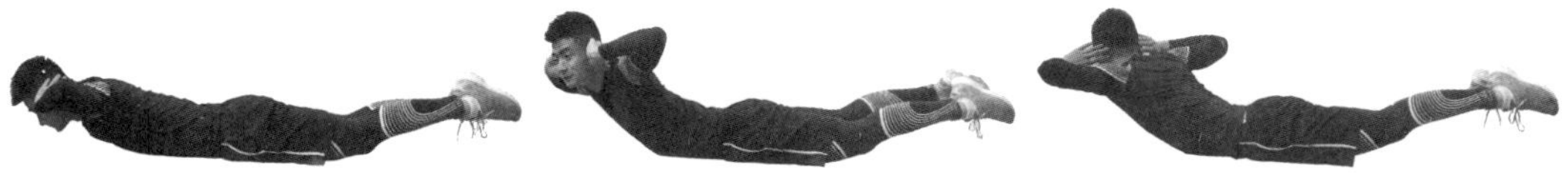

(A)　(B)　(C)

图 4–2–58　俯卧挺身转体

10. 反向支撑交替摸脚

目的：发展全身肌肉力量、身体平衡与稳定性。

方法：身体呈坐姿，双手后伸，指尖朝前，双腿屈膝，双脚支撑，臀部抬离地面（图 4–2–59A）。训练时左手与右脚支撑，抬左脚，上半身稍向左侧，右手摸左脚脚尖（图 4–2–59B）。再换右手与左脚支撑，抬右脚，左手摸右脚脚尖（图 4–2–59C），重复练习。

(A)　(B)　(C)

图 4–2–59　反向支撑交替摸脚

第三节　核心力量训练

一、人体核心及核心力量

人体所有动作开始于身体的中心，即身体的核心区部位。从解剖结构上划分，人体的核心区既包括腰椎、骨盆和髋关节等骨骼，以及这些关节周围的韧带和结缔组织，也包括附着在这些骨骼上的肌肉。核心区是人体的中间环节，具体是肩关节以下、髋关节以上，包括脊柱、骨盆在内的区域，所包含的肌群有腹部、背部和构成骨盆部的所有肌群，以及这些部位深层的小肌群，总共32对（块）。

腹部肌肉主要包括腹直肌，腹内、外斜肌，腹横肌和腰方肌。腹横肌的主要功能是维持脊柱稳定性和减轻背部负担，其力学作用是通过调整腹内压来维持脊柱稳定性。腹横肌还具有协助呼吸、控制脊柱运动等功能。核心区的背部肌肉包括竖脊肌、背阔肌、回旋肌、半棘肌、多裂肌、棘间肌和横突间肌。竖脊肌是位于脊柱后方的长肌，下起骶骨背面、上达枕骨后方，在背部起到承上启下的协调和稳定作用。竖脊肌与腹肌相互配合，为人体在静止和运动中各种技术动作的完成提供支持和保证。

脊柱作为人体中轴骨骼，具有负重、减震、保护和运动功能。人体上下肢的各种活动均通过脊柱调节来维持身体平衡。脊柱的这些功能主要依靠其周围肌肉和韧带来实现，人体包括脊柱在内的核心区的稳定主要取决于该部位肌肉的收缩力量。骨盆是由后方的骶骨、尾骨和左右两髋骨联结而成的完整骨环，是脊柱和下肢联结的桥梁，具有将躯干力量传递到下肢，将下肢与地面产生的反作用力传递到躯干的重要作用。

核心力量训练就是针对上述人体核心区域的肌肉和韧带进行力量、平衡、稳定与协调等能力的训练。提高人体核心区的支柱力量及平衡稳定能力，促进人体运动中能量的有效传递，以此优化运动技术，提高姿势控制能力。

二、核心力量训练的意义

（一）提高运动表现优势

大部分运动项目都是人体在矢状面、额状面和水平面3个平面中进行的多关节、多肌群参与的全身运动。如何确保3个维度的稳定性，为肢体发力创造支点，提高技术动作的有效性是训练的关键。核心区作为人体的中心，在整个运动中发挥着承上启下的作用。核心区的腹横肌、竖脊肌、多裂肌等肌群控制人体平衡与稳定，如果这些肌肉力量不足，将影响人体的平衡与稳定能力。核心力量训练中通过对这些肌肉及其深层小肌群力量进行训练来发展人体稳定性，为机体在动态三维运动中提供发力支点，帮助身体提高运动表现优势。

（二）提高肌肉协调工作效率

神经与肌肉协调训练是核心力量训练的一大特点。人体在完成技术动作时需要多个肌肉与关节协同合作，如果其中一个肌群不参与工作就需要其他肌肉代偿；长此以往将会提高代偿肌肉的工作量，导致单块肌肉劳损。核心量训练注重中枢神经系统对肌肉精确控制的训练，尤其是不稳定训练可有效发展肌肉与肌肉系统之间的协调性，使各肌群各司其职，减少使用特定肌肉的情况，提高肌肉间协调工作效率。

（三）预防运动损伤

无论是竞技体育还是日常生活，大约65%的运动损伤来源于劳损，即在肌肉力量失衡造成供能不良的情况下反复使用某一关节或肌肉。人体运动时需要在三维平面内进行各种推拉、旋转和重心变化等动作。传统力量训练通常是在相对稳定的状态下进行一维训练，例如，仰卧起坐多是在平坦或一定角度的稳定支撑面上进行矢状面的练习，而对身体额状面的和水平面的练习较少，这就导致肌肉力量失衡，造成躯干不稳定或关节位置偏离，从而引起损伤。在核心力量训练中，动作通常是在两三个平面内完成的。全面发展身体不同部位的大小肌群力量，同时在训练中针对性加强肩、腰、髋、膝和踝等易受伤部位的力量训练，以此提高核心稳定性，有效预防运动损伤的发生。

三、核心力量训练负荷的控制

与传统大负荷阻力训练不同的是，核心力量训练以小负荷、多次数、渐增难度为训练原则。在训练负荷方面，核心力量以克服自身体重的徒手训练为主，在此基础上采用哑铃、壶铃、弹力带、平衡球等小器械，通过减小支撑面、不稳定训练或克服弹性阻力等手段进行训练。为了保证训练的高效性，在核心力量训练负荷的安排上应注意以下几点。

1. 确保动作质量

在核心力量训练中通常以动作质量来评估训练效果，而不是以负重或数字来评估。这就对动作的幅度、持续时间以及动作频率做出严格要求。不同的动作幅度，训练强度也不同。例如，在徒手半蹲中，深蹲的难度明显大于半蹲；与下蹲后直接起相比，蹲到一定程度控制几秒时间再起要更难。

2. 减少支撑点

减少支撑点或支撑面积可增加训练难度，提高训练强度。随着运动员对训练的适应，教练可通过减少支撑点来提高训练效果。例如，平板支撑练习中可以从开始的双手双脚四点支撑过渡到抬起一只手或脚的三点支撑，再到单手单脚的两点支撑，以此增加训练强度。

3. 增加或减小动作速率

核心力量训练可以通过改变动作的速率控制训练强度。以旋转爆发力训练中的坐姿梅森扭转为例，在保证动作幅度的前提下，60 次/min 比 40 次/min 的强度要大。在发展肌肉耐力的俯卧臂屈伸练习中，与快速完成 10 次相比，每次屈臂后保持 5 s 完成 10 次的强度要更大。

4. 其他

根据运动员的体能水平，通过增加外部阻力，如使用哑铃、壶铃、弹力带等方法增加训练强度。或者使用平衡球、TRX 等增加训练的不稳定性。也可以通过小器械进行组合训练，如在平衡软榻上双手壶铃摇摆。

四、核心力量训练方法与手段

（一）徒手训练方法

1. “T”字支撑抬腿

目的：发展腹直肌、腹横肌、腹内斜肌和腹外斜肌等肌肉力量。

方法：身体平板支撑姿势准备，练习时右手支撑，转动右脚使右腿向侧上方旋转，左脚重叠在右脚上，左手臂紧随身体直臂上举至手臂与躯干呈 90°角，确保身体呈一条直线，左腿上抬 5~10 次后回到开始姿势（图 4-3-1），换另一侧练习。

（A）　　（B）　　（C）

图 4-3-1　“T”字支撑抬腿

2. 仰卧抬臀

目的：发展臀部、背部及髋关节肌肉力量。

方法：身体呈仰卧姿势，双腿与髋同宽，大小腿呈 90°角，双手臂位于身体两侧，掌心朝下。训练时臀部发力上抬至膝、髋、肩 3 个关节呈一条直线（图 4-3-2），保持 1~2 s 回到起始位置，重复练习。

(A)　　(B)

图 4-3-2　仰卧抬臀

3. 仰卧抬臀踢腿

目的：发展臀部、背部腿部及髋关节肌肉力量。

方法：身体呈仰卧姿势，双腿与髋同宽，大小腿呈 90°角，双手臂位于身体两侧，掌心朝下。训练时臀部发力上抬，使膝、髋、肩 3 个关节呈一条直线，右腿支撑，左腿上抬至小腿与大腿呈一条直线（图 4-3-3），保持 1~2 s 右腿落地支撑，换左腿上抬，左右腿交替，重复练习。

(A)　　(B)　　(C)

图 4-3-3　仰卧抬臀踢腿

4. 平板支撑交替抬腿

目的：发展腹直肌、竖脊肌和腹斜肌等肌肉力量。

方法：身体呈跪姿，训练时屈肘使小臂平行支撑地面，双膝抬离地面，伸直双腿，直到身体呈一条直线后左右脚交替抬离地面，抬起的高度为 10~15 cm（图 4-3-4），每组重复 16~20 次。

(A)　　(B)

图 4-3-4　平板支撑交替抬腿

5. 跪姿交替伸手抬腿

目的：发展核心肌肉力量与核心稳定性。

方法：身体呈跪姿，四点支撑于地面，训练时先用右手与左腿支撑，左手与右腿分别向身体前后两个方向平行伸出至其与地面平行，停留 3～5 s 后换对侧手脚练习(图 4-3-5)。

（A）　　　　（B）

图 4-3-5　跪姿交替伸手抬腿

6. 仰卧交替摸脚

目的：发展腹部肌肉力量。

方法：身体呈仰卧姿势，双腿与髋同宽，大小腿呈 90°角，双手臂位于身体两侧，掌心相对。训练时腹部发力使身体向两侧侧屈的同时，双手分别摸左右脚各一次(图 4-3-6)，重复练习。

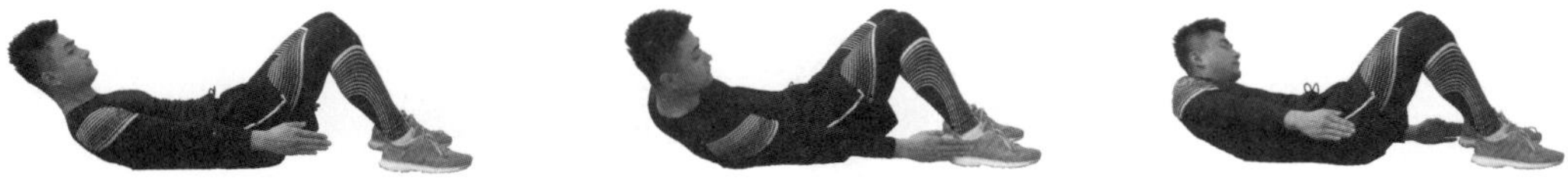

（A）　　　　（B）　　　　（C）

图 4-3-6　仰卧交替摸脚

7. 仰卧提髋

目的：发展腹直肌和腹横肌等肌肉力量。

方法：身体呈仰卧姿势，双腿并拢并直腿上举至双腿与地面垂直，双臂位于身体两侧，掌心朝下。训练时腹部发力，双腿上抬至臀部与背部离开地面（图 4-3-7），停留 1～2 s 回到起始位置，重复练习。

（A）　　　　（B）

图 4-3-7　仰卧提髋

8. 俯卧屈膝外展

目的：发展髋关节外展肌群肌肉力量与核心稳定性。

方法：身体呈跪姿，四点支撑于地面，大小腿呈 90°角，双手臂垂直位于肩关节正下方，核心收紧，腰背挺直，训练时右腿以髋关节位置向侧上方外展至最大限度后回到起始位置，重复练习数次后换左腿练习（图 4-3-8）。

（A）（B）（C）

图 4-3-8 俯卧屈膝外展

（二）运用单一器械的训练方法

1. 弹力圈髋外展

目的：发展臀部和腿部肌肉力量，提高髋关节稳定性。

方法：坐于训练凳上，将弹力圈固定于膝关节上方，挺胸收腹，保持躯干正直，双手交叉位于胸前。臀部发力，双腿对抗弹力带阻力同时向外展开（图 4-3-9）。回到起始位置，重复练习。

（A）（B）

图 4-3-9 弹力圈髋外展

2. 弹力带跪姿后蹬腿

目的：发展臀部、腿部肌肉力量与核心稳定性。

方法：身体呈跪姿，右腿支撑，左腿屈膝，将弹力带一头固定在左脚上，双手持弹力带手柄于地面支撑，训练时左腿向后蹬伸至踝、膝、髋关节呈一条直线（图 4-3-10）。

回到起始位置重复练习，左右腿交替训练。

（A） （B）

图 4-3-10 弹力带跪姿后蹬腿

3. 双脚 BOSU 球上平板支撑

目的：发展腹部、背部肌肉力量与核心稳定性。

方法：身体呈平板支撑姿势，双脚位于 BOSU 球上，双手与肩宽，屈肘支撑于地面，收紧核心使身体呈一条直线（图 4-3-11），重复练习。

图 4-3-11 双脚 BOSU 球上平板支撑

4. 跪姿推腹肌轮

目的：发展腹部、背部及上肢肌肉力量。

方法：身体呈跪姿，双手紧握腹肌轮两侧手柄。训练时核心收紧，保持躯干正直，双手缓慢向前推出至双臂与躯干平行，腹部发力将腹肌轮拉回到起始位置（图 4-3-12），重复练习。

（A） （B） （C）

图 4-3-12 跪姿推腹肌轮

5. 站姿推腹肌轮

目的：发展腹部、背部、肩部及上肢肌肉力量。

方法：身体呈站姿，双腿直立，双手紧握腹肌轮两侧手柄。训练时核心收紧，双手缓慢向前推出至身体约平行于地面，双脚蹬地，腹部发力将腹肌轮拉回到起始位置（图 4-3-13），重复练习。

（A）　　（B）　　（C）

图 4-3-13　站姿推腹肌轮

6. 哑铃半蹲举

目的：发展全身肌肉力量与力量协调能力。

方法：身体呈站姿，双手屈肘持哑铃位于肩部位置，掌心相对，肘关节贴近身体。屈髋、屈膝下蹲至大腿与地面平行，下蹲的同时双手臂将哑铃垂直上举（图 4-3-14）。回到起始位置，重复练习。

（A）　　（B）　　（C）

图 4-3-14　哑铃半蹲举

7. 仰卧手脚传球

目的：发展腹部与髋部屈肌肌肉力量。

方法：身体呈仰卧姿势，双手持瑞士球头上举。腹部发力带动双腿上抬的同时双手持球上举并将瑞士球放于双脚之间，身体回到起始位置（图 4-3-15），腹部再次发力，双脚以相同的动作将球传至双手后，双手持球回到起始位置，重复练习。

（A）　　（B）　　（C）

图 4-3-15　仰卧手脚传球

8. 仰卧夹球横向旋转

目的：发展腹部与背部肌肉力量。

方法：身体呈仰卧姿势，双手臂掌心朝下位于身体两侧，双腿与髋同宽，大小腿呈90°角，将瑞士球固定于小腿之间，与地面的距离为20~30 cm，训练时腹部发力带动双腿向左侧旋转至左腿尽可能贴地，回到起始位置再向另一侧旋转（图4-3-16）。

（A）　　（B）　　（C）

图4-3-16　仰卧夹球横向旋转

（三）使用综合器械的训练方法

1. BOSU球与药球组合训练

目的：发展全身力量与核心稳定性。

方法：站立于BOSU球上，双脚分开，与肩同宽，双手直臂持药球位于胸前，屈髋、屈膝下蹲的同时双手将药球向上举至头顶，当身体下蹲至大腿与地面平行时回到起始位置（图4-3-17），重复练习。

（A）　　（B）

图4-3-17　BOSU球与药球组合训练

2. BOSU球与力量绳组合训练

目的：发展全身力量与核心稳定性。

方法：站立于 BOSU 球上，身体呈半蹲姿势，双脚分开略比肩宽，大腿与地面平行，双手正握力量绳置于体前腰部位置。训练时保持核心收紧，背部挺直，双手同时快速上下甩动力量绳（图 4-3-18）。

（A）　（B）　（C）

图 4-3-18　BOSU 球与力量绳组合训练

3. 力量绳与弹力圈组合训练

目的：发展上肢爆发力与躯干和下肢肌肉力量。

方法：双手反握力量绳呈站立姿势，双臂自然下垂置于体侧，双脚距离与髋同宽，双膝微屈，将弹力圈套在小腿上。训练时双手持力量绳快速经体侧至头顶做圆周运动，双脚配合双手进行开合运动（图 4-3-19），重复练习。

（A）　（B）　（C）

图 4-3-19　力量绳与弹力圈组合训练

4. 平衡盘与壶铃组合训练

目的：发展腿部、臀部、肩部肌肉力量与核心稳定性。

方法：双脚分开与肩同宽站立，右手持壶铃屈臂，手的高度约与肩平，左手位于体侧自然下垂。左腿向前迈出一步踩在平衡盘上，屈髋、屈膝使左腿大腿与地面平行呈箭步蹲姿势，左腿上步的同时右手臂持壶铃垂直向上推举至最高点（图 4-3-20）。左脚蹬地收回，右手臂同时回落，身体回到起始姿势，左右侧依次交替练习。

（A）　　　　　　　　　　　　（B）

图 4-3-20　平衡盘与壶铃组合训练

5. 平衡盘与弹力带组合训练

目的：发展全身力量与核心稳定性。

方法：身体呈平板支撑姿势，双肘支撑在平衡盘上，将弹力带套在小腿上。双腿依次开合跳跃，训练过程中确保腹部收紧，双膝伸直，控制臀部上下运动幅度，避免幅度过大（图 4-3-21）。

（A）　　　　　　　　　　　　（B）

图 4-3-21　平衡盘与弹力带组合训练

思考题：

1. 影响力量水平发展的因素有哪些？
2. 简述力量训练的要素。
3. 简述核心力量训练对竞技体育的意义，以及训练方法的分类。

CHAPTER 5 第五章

速度与灵敏性训练

本章提要： 速度通常是指单位时间内完成某种动作或通过特定距离的能力。它是影响竞技体育比赛成绩的重要因素。灵敏性是指快速改变身体方向的能力，在大部分场地项目中，都对运动员的灵敏性提出一定要求。速度与灵敏性高度依赖于神经肌肉的协调性和运动技能的熟练程度，因此，在竞技体育体能训练中，速度与灵敏性训练相辅相成，相互促进。本章主要介绍速度与灵敏性素质的表现形式与种类；速度与灵敏性训练的生理学基础；重点介绍常用速度与灵敏性训练方法与手段。

第一节　竞技运动中的速度与灵敏性素质

一、速度与灵敏性素质的表现形式与种类

速度是指人体快速运动的能力。它包括反应速度、动作速度和位移速度。反应速度是指人体对各种信号刺激（声、光、触）的快速应答能力。例如，短跑运动员从听到发令到启动时间，球类运动员在瞬间变化情况下做出反应的快慢等。人体反应速度的快慢取决于各种信号通过反射弧的时间，反射弧由感受器→传入神经→中枢神经→传出神经→效应器 5 个环节构成，其中任何能够影响这 5 个环节中任一环节的因素都会影响反应速度。动作速度是指完成单个动作所需时间的长短，如投掷运动员器械出手速度，羽毛球运动员挥拍速度等。动作速度还可以通过单位时间内所完成动作的数量予以评价，数量多则动作速度快，反之动作速度慢。位移速度是指在周期性运动中（如跑步），单位时间内人体快速位移的能力或通过一定距离所用的时间。竞技体育体能训练中的速度训练与所有竞技项目有关，如在短跑、体操、跳水、拳击、球类等项目中，无一不对速度提出要求，因此教练员要结合项目特点和技术需要针对性进行速度训练，帮助运动员在赛场上取得优异成绩。

灵敏性是指快速改变身体方向或速度（加速、减速）的能力。具体表现为在各种突然变化的条件下，人体能够迅速、准确地进行预判并改变身体的空间位置和运动方向，如网球比赛中的快速移动、篮球比赛中的急停或变向等。灵敏性是人体运动技能

和各种运动能力在运动过程中的综合表现，它不仅包括改变方向的能力，还包括对现实情况的预判和决策能力。例如，在网球运动中，运动员根据观察到球的运行轨迹预判球的落点来决定自己的运动方向。竞技体育中的灵敏性分为一般灵敏和专项灵敏。一般灵敏性素质是指运动员对各种复杂变化的外部条件表现出适应性变化的应变能力，如启动、急停、躲闪和保持平衡等。专项灵敏性素质是指根据专项运动的特殊需要，结合专项技术表现出的一种应对能力，如体操运动员的专项灵敏主要表现为对身体姿势的控制和动作间的快速转化能力。灵敏性是一项复杂的综合素质，与力量、爆发力、速度、反应、协调和柔韧等密切相关。良好的灵敏性有助于运动员准确、熟练、协调地完成专项动作，从而进一步提高自身竞技能力，灵活、巧妙地战胜对手。

二、速度与灵敏性训练的影响因素

（一）速度训练的影响因素

1. 中枢神经系统的兴奋性

中枢神经系统的兴奋性决定完成动作的频率。当中枢神经系统处于良好的兴奋状态时，能够促使机体对接收的刺激信号做出快速反应，从而缩短反应时；同时良好的兴奋状态可促进神经肌肉间的协调能力，减少肌肉快速收缩时的阻力，加快动作完成速度，提高动作频率。

2. 肌纤维类型

肌肉的收缩速度与运动单位中参与的肌纤维类型有关。快肌纤维百分比较高的肌肉收缩速度和力量均大于慢肌纤维百分比较高的肌肉，这与快肌纤维形态、技能和代谢特征有关。人体在完成某一动作时，如果参与工作的肌肉中快肌纤维含量较高，则在肌肉力量收缩相同时可产生较大的收缩速度。研究发现，参加短时间、大强度项目（如短跑、跳跃等）的运动员，其骨骼肌中快肌纤维百分比明显高于从事耐力项目的运动员。与慢肌纤维相比，快肌纤维虽具有较快的收缩速度和较高的输出功率，但容易疲劳。

3. 肌肉力量与爆发力水平

力量与爆发力是速度训练的基础，在阻力负荷相同的情况下，力量越大加速度越大，从而缩短完成动作的时间。例如，在短跑的起跑阶段，最大力量与爆发力是除了反应时外影响速度的两个关键因素。最新一项以澳大利亚职业橄榄球运动员为受试者的研究表明，运动员的杠铃悬垂高翻能力与短跑冲刺能力成正比。另外在跑的整个过程中，由于会涉及身体的髋、膝、踝等各个部位，因此重点加强这些区域的力量训练将有利于速度能力的提升。

4. 运动条件反射的巩固程度

运动训练中通过对动作的反复练习，运动条件反射系统逐渐巩固，动作达到自动化阶段。此时，动作完成准确、快速，即使在环境变化时技术动作也不易受到影响。研究表明，对运动技术的熟练掌握，可以使动作完成时在空间和时间上更加协调，从而有效提高动作速度。

5. ATP-CP 供能系统的能力

速度训练属于短时间、大强度的无氧训练，在这种情况下人体的能量来源以 ATP-CP 供能系统为主，磷酸原系统的能源底物为 ATP 和 CP。因此，在速度训练中应重点提高人体肌肉中能源底物的储备量和再合成的速率，这就要求在日常训练中严格控制训练强度与时间（包括间歇时间）。运动训练中常采用重复训练提高磷酸原系统的供能能力。

（二）灵敏训练的影响因素

1. 大脑皮质的机能状态

大脑皮质是覆盖于大脑两半球的灰质，是高级神经活动的物质基础，由神经元、神经纤维及神经胶质构成。大脑皮质是控制人体运动的高级中枢，人体的所有动作都是在大脑皮质的控制下，通过神经系统支配骨骼肌来完成的。大脑皮质神经抑制和兴奋转换的快速完成，可使机体在内外环境条件变化发生时迅速做出判断动作和反应速度，并及时调整和修正动作。在一些球类、击剑、拳击等对抗性运动中，由于运动形式不断变化，要求人体能够快速做出准确分析和判断，并及时做出应答，因此，大脑皮质必须时刻具备良好的机能状态，否则将很难适应比赛要求。

2. 神经系统的感觉分析能力

人体受到的各种内、外刺激由感受器转换成传入神经上的神经冲动，再通过特定的神经通路传向特定的皮质代表区，在神经系统的共同活动下完成感觉分析，形成各种感觉，如视觉、听觉、位觉、本体感觉、嗅觉和味觉等。运动时人体通过感觉系统收集各种信息并综合分析及时发出相应指令，使人体心血管、内脏、内分泌系统等器官的活动与肌肉关节运动相匹配，做出正确的动作。神经系统的感觉分析是一个极其复杂的过程。例如，人体在拿起重物时，首先通过视觉和位觉辨认物体的形状、重量和空间位置；其次选择行动计划，决定身体哪些部位参与该动作及其运动方向；最后执行动作。神经系统的感觉分析能力越强，运动中人体做出应答动作准确性越高，动作之间的切换会越迅速。

3. 身体的平衡稳定性

身体的平衡稳定性是影响灵敏的一个重要但又被经常忽视的因素。研究证明，腰骶—骨盆的稳定性和神经肌肉控制能力可有效改善人体的变向能力。人体一切运动无论是加速、减速，还是变向运动，都需要将身体姿势调整到合适的位置来进行，此时一个稳定的躯干可帮助人体在维持动态平衡中迅速将身体姿势调整到最适宜状态进行运动。例如，在跳远的腾空阶段，躯干稳定性可以帮助运动员的髋、膝、踝关节快速屈伸，在短时间内产生更大力量，增加身体位移距离。人体平衡能力也会影响灵敏的发展，良好的平衡能力可有效改善加速、减速及变向运动中的不利因素，提高运动效率。

4. 运动技能的掌握程度

运动技能的形成需要经过泛化、分化、巩固与自动化 4 个从简单到复杂过程。当运动技能出现自动化现象时，人体可以精确地意识到自己所完成的动作，并且随着外界环境的复杂化能随时调整全身活动，表现出较高的灵敏性。实践证明，掌握基本技术越多、越熟练，不仅学习新的运动技能快，而且在技术运用时也更加轻松自如和富有创造力。因此，长期学习、不断运用各种技术动作使其达到自动化，可有效提高运动技能的熟练程度，促进灵敏水平不断提高。

5. 其他因素

灵敏是人体运动技能和各种运动能力在运动过程中的综合表现。除上述因素外，灵敏还与力量、速度、柔韧、协调等因素有关。当力量增加时，肌肉收缩快、完成动作速度快。良好的柔韧可增加关节的活动范围，这都可以促进灵敏的提高。同时灵敏还与年龄、性别和体重有关，从儿童期开始到成熟期，人体的灵敏性逐步提高，在青春期由于身高增长较快，灵敏素质相对有所下降，以后随年龄增长又稳定提高直至成年。儿童期，男孩和女孩的灵敏性相差不大，青春期时男孩的灵敏性稍优于女孩，在青春期以后，男性的灵敏性高于女性。体重过大则会影响加速和减速能力，灵敏性必然受到影响。另外，当人体处于疲劳状态时，灵敏性也会有所下降。

第二节　速度与灵敏性训练方法与手段

（一）绳梯训练方法

1. 小步跑

目的：发展下肢动作频率与灵敏性。

方法：练习者正对绳梯站立，一框一步有节奏地沿绳梯跑步前进（图 5-2-1）。要求跑动时身体放松，双臂自然摆动，双腿交换频率要快，双脚尽量落到框内，不要触碰绳梯。

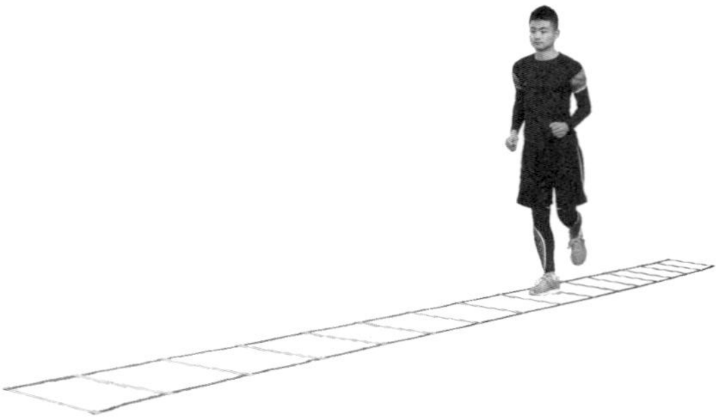

（A）

（B）

图 5-2-1　小步跑

2. 高抬腿

目的：发展下肢动作频率与灵敏性。

方法：练习者正对绳梯站立，一框一步快速高抬腿沿绳梯前进（图 5-2-2）。跑动时前脚掌着地，腰背挺直，双臂自然摆动。

（A）

（B）

（C）

图 5-2-2　高抬腿

3. 开合跳

目的：发展下肢动作频率与灵敏性。

方法：练习者正对绳梯站立，双脚同时跳进第一框内（图 5-2-3A），再分腿跳至框外，双脚分别落于该框两侧（图 5-2-3B），重复练习，快速通过绳梯。

（A）　（B）

图 5-2-3　开合跳

4. 180°转髋跳

目的：发展髋关节动作频率与灵敏性。

方法：练习者侧对绳梯站立，右脚靠近绳梯前端（图 5-2-4A），双腿发力起跳后在空中转髋 180°落于下一框（图 5-2-4B 和图 5-2-4C），此时左脚靠近绳梯前端（5-2-4D），重复练习，快速通过梯子（图 5-2-4E 和图 5-2-4F）。

（A）　（B）　（C）　（D）　（E）　（F）

图 5-2-4　180°转髋跳

5. 双脚横向依次进出

目的：发展速度与灵敏性及身体协调性。

方法：练习者侧对绳梯站立，右脚先进入框内，左脚紧跟进入框内，右脚退到框外，左脚退到框外的同时右脚进入下一框（图 5-2-5），重复练习。

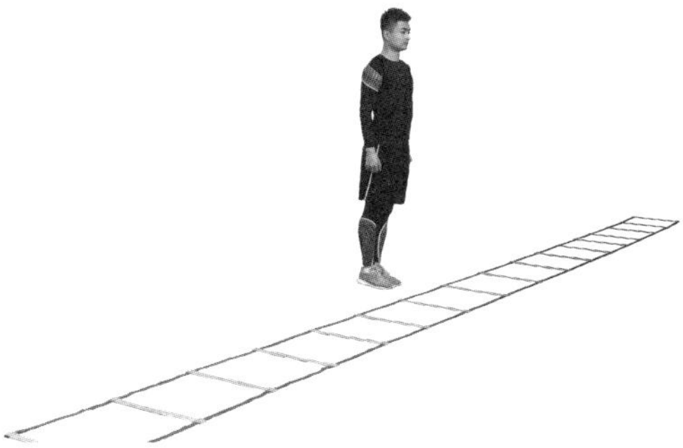

（A）

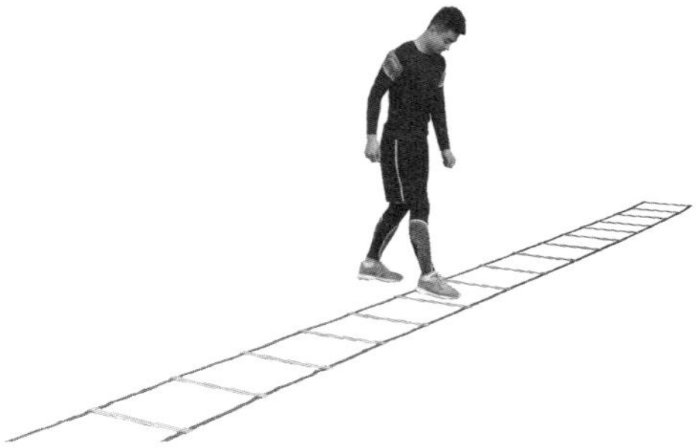

（B）

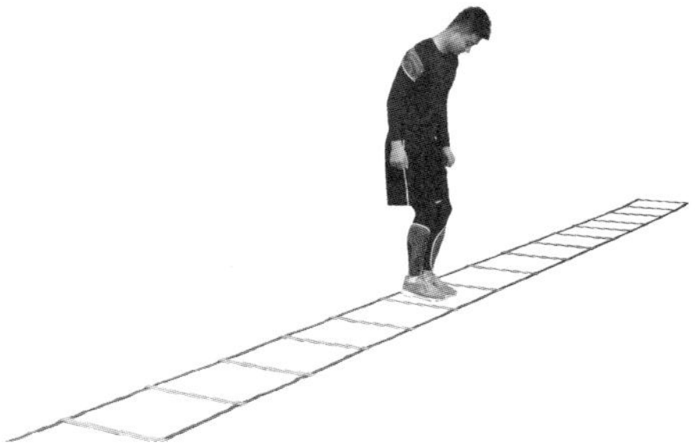

（C）

（D）

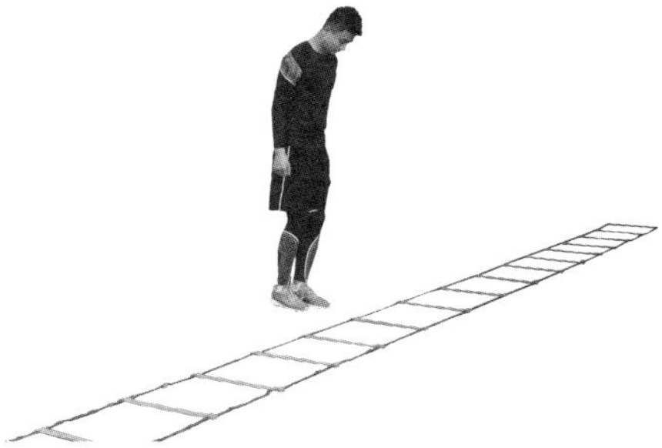

（E）

图 5-2-5　双脚横向依次进出

6. 弓步跳

目的：发展下肢动作频率与肌肉力量。

方法：练习者正对绳梯站立，双腿同时起跳呈左弓步落地，左脚落于绳梯前一框内，右脚位于绳梯右侧。再次起跳呈右弓步落地，右脚落于绳梯下一框内，左脚位于绳梯左侧（图 5-2-6），重复练习。要求起跳时双臂配合摆动，落地后身体上半身保持正直，弓步腿的膝关节不要过度伸展。

（A）　（B）　（C）

图 5-2-6　弓步跳

7. “Z” 字跳

目的：发展下肢速度与灵敏性。

方法：练习者位于绳梯右侧站立，靠近梯子一侧的左脚先踏进框内，右脚跟进的同时左脚迈出框外，右脚顺势抬起直接进入下一框，左脚跟进的同时右脚迈出框外（图 5-2-7），重复练习。

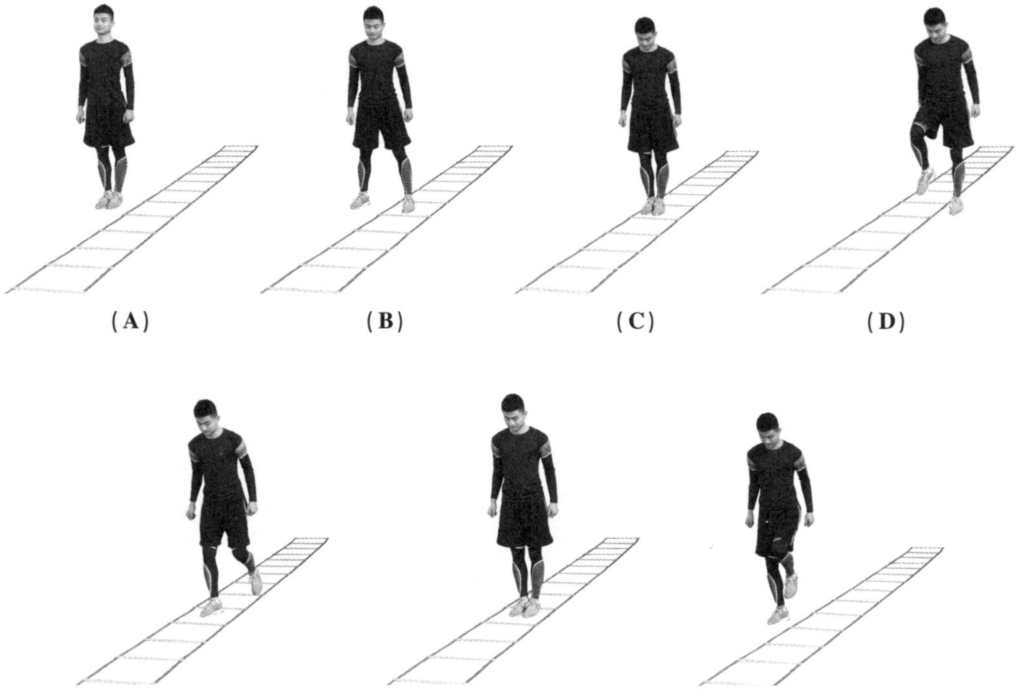

（A）　（B）　（C）　（D）

（E）　（F）　（G）

图 5-2-7　“Z” 字跳

8. 双手依次进出

目的：发展上肢动作频率。

方法：练习者正对绳梯呈俯卧撑姿势，双手依次进入框内再依次落到框外左右两侧，然后进入下一框内（图 5-2-8），重复练习。在练习时，身体躯干要保持正直，核心收紧，双脚分开并始终位于身体左右两侧，避免触碰梯子。

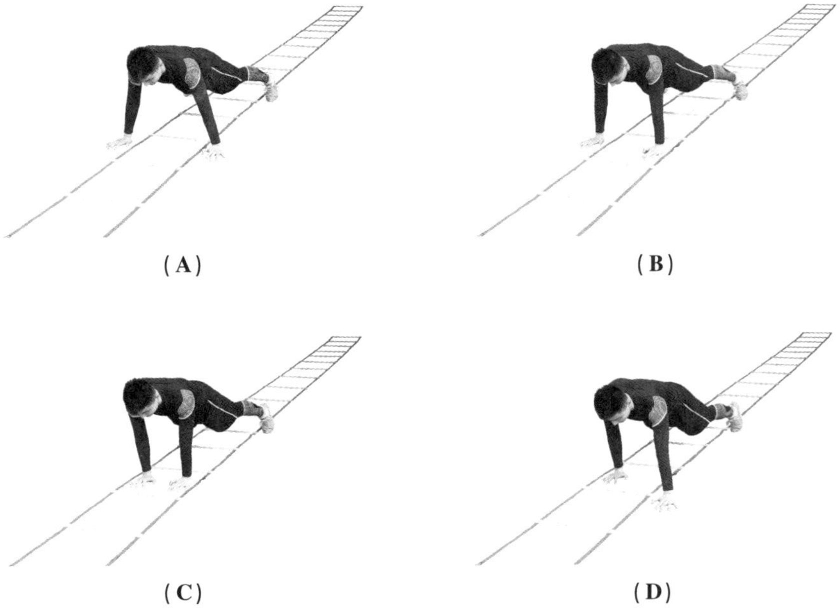

图 5-2-8　双手依次进出

9. 俯卧撑

目的：发展上肢动作频率与肌肉力量。

方法：练习者正对绳梯呈俯卧撑姿势，双手依次进入框内并完成一个俯卧撑，双手再依次落到框外左右两侧，再次完成一个俯卧撑（图 5-2-9），双手依次进入下一框，重复练习。

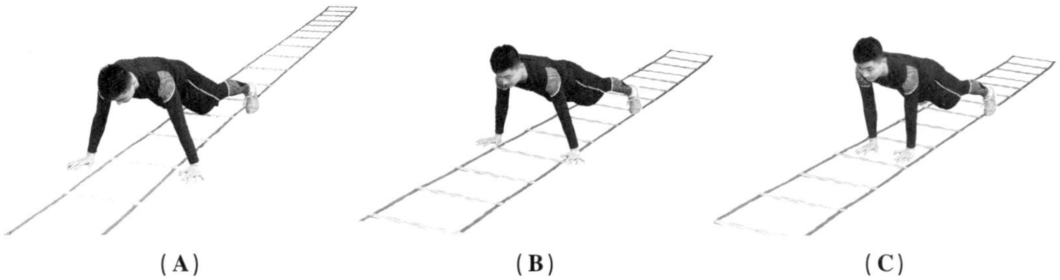

（D）　　　　（E）

图 5-2-9　俯卧撑

10. 俯卧侧提膝

目的：发展全身协调性与肌肉力量。

方法：练习者正对绳梯呈俯卧撑姿势，双手依次进入框内后左腿支撑将右腿屈膝提至体侧，同侧双手臂屈肘，右腿膝关节尽量靠近右手肘，停留 1~2 s 回到俯卧撑姿势，双手依次进入下一框进行左侧提膝练习（图 5-2-10），左右侧交替重复练习。

（A）　　　　（B）

（C）

图 5-2-10　俯卧侧提膝

（二）小栏架训练方法

1. 双足连续跳

目的：发展下肢力量速度与灵敏性。

方法：将 10 个小栏架间隔 40~50 cm 摆成一条直线，练习者面向栏架站立，双脚分开与肩同宽，双腿同时起跳连续通过所有栏架（图 5-2-11）。要求双臂配合摆

（A）

动，落地时双腿屈膝缓冲。

（B）

（C）

（D）

（E）

图 5-2-11　双足连续跳

2. 单足连续跳

目的：发展下肢力量速度与灵敏性。

方法：将 10 个小栏架间隔 40～50 cm 摆成一条直线，练习者面向栏架单足站立，练习开始时支撑腿单足发力起跳连续通过所有栏架（图 5-2-12）。要求双臂与摆动腿配合摆动，落地时单腿屈膝缓冲，左右腿交换重复练习。

（A）

（B）

（C）

（D）　　　　（E）

图 5-2-12　单足连续跳

3. 侧向高抬腿

（A）

目的： 发展下肢动作频率与灵敏性。

方法： 将 10 个小栏架间隔 40~50 cm 摆成一条直线，练习者侧向栏架站立，双脚分开与肩同宽，练习开始时双腿交替高抬腿连续通过所有栏架（图 5-2-13）。要求上半身保持正直，双臂配合双腿快速摆动。

（B）　　　　（C）

（D）　　　　（E）

图 5-2-13　侧向高抬腿

4. 侧向单足连续跳

目的： 发展下肢力量与灵敏性。

方法：将 10 个小栏架间隔 40～50 cm 摆成一条直线，练习者侧向栏架单足站立，练习开始时支撑腿单足发力起跳连续通过所有栏架（图 5-2-14）。要求双臂与摆动腿配合摆动，落地时单腿屈膝缓冲，左右腿交换重复练习。

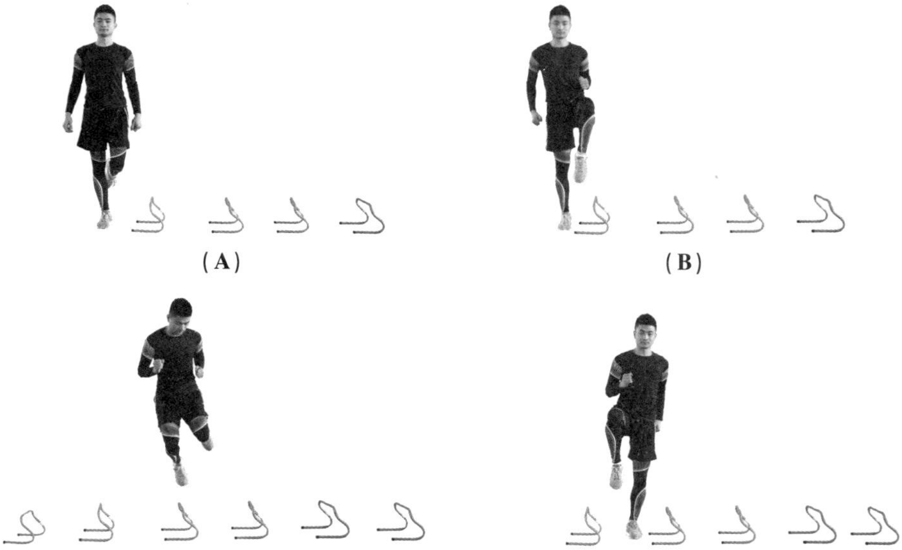

（A）（B）（C）（D）

图 5-2-14　侧向单足连续跳

5. 正方形单足跳

目的：发展下肢速度与身体协调能力。

方法：将 4 个小栏架摆成正方形，练习者位于正方形中间单足站立，练习开始时可按照顺时针方向依次跳过每个栏架（图 5-2-15）。要求每次跳完后必须回到中间位置再开始，也可以逆时针方向进行练习，左右腿交换重复练习。

（A）（B）（C）

图 5-2-15　正方形单足跳

6. 六边形单足跳

目的：发展下肢动作频率与身体协调能力。

方法：将 6 个小栏架摆成六边形，练习者位于六边形中间单足站立，练习开始后可按照顺时针方向单脚依次跳过每个栏架（图 5–2–16）。要求每次跳完后必须回到中间位置再开始，也可以逆时针方向进行练习，左右腿交换重复练习。

图 5–2–16　六边形单足跳

7. “S” 形跳

目的：发展下肢爆发力与身体灵敏性。

方法：将 10～15 个小栏架摆成“S”形，练习者面对栏架站立，练习开始时双脚跳过横向栏架，落地后双脚向右跳过右侧栏架，右脚单足落地支撑。右脚单足发力跳回栏架内侧并双脚落地。双脚跳过栏架，左脚重复右脚动作（图 5–2–17），左右脚依次交替练习。

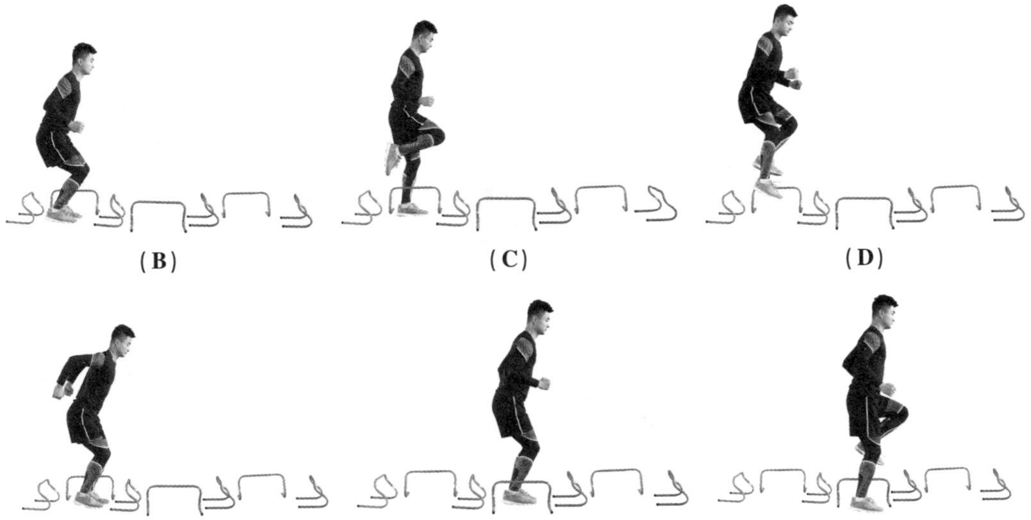

图 5–2–17　“S” 形跳

8. 单个栏架左右连续跳

目的：发展下肢动作频率与灵敏性。

方法：练习者侧对栏架，右脚单足站立，右脚发力起跳至栏架右侧，再次发力跳至栏架左侧（图 5-2-18），左右侧练习完成 10~16 次后，换左脚重复练习。

（A）（B）（C）（D）

图 5-2-18 单个栏架左右连续跳

9. 单个栏架左右交叉跳

目的：发展下肢动作频率与身体协调能力。

方法：练习者侧对栏架站立，栏架位于练习者左侧，练习开始时右脚左前交叉跳过栏架，左腿跟进。双足落地后换左腿右前交叉跳过栏架，右腿跟进（图 5-2-19），左右腿交替重复练习。

（A）（B）（C）（D）（E）

图 5-2-19 单个栏架左右交叉跳

10. 单足十字跳

目的：发展快速反应能力及身体协调性。

方法：将 4 个小栏架摆成十字形，练习者位于十字左下方单足站立，练习开始时按照顺时针方向依次跳过每一格（图 5-2-20），该方法还可以通过逆时针进行练习，或者让练习者根据口令提示跳至指定区域。

（A）（B）（C）

图 5-2-20 单足十字跳

（三）标志桶训练方法

1. “S” 形跑

目的： 发展身体左右快速移动能力。

方法： 将若干个标志桶摆成“S”形，间隔距离可相等也可渐增或递减，根据训练目的设置。练习者面对标志桶方向以最快速度依次绕过标志桶呈“S”形跑动（图 5-2-21）。

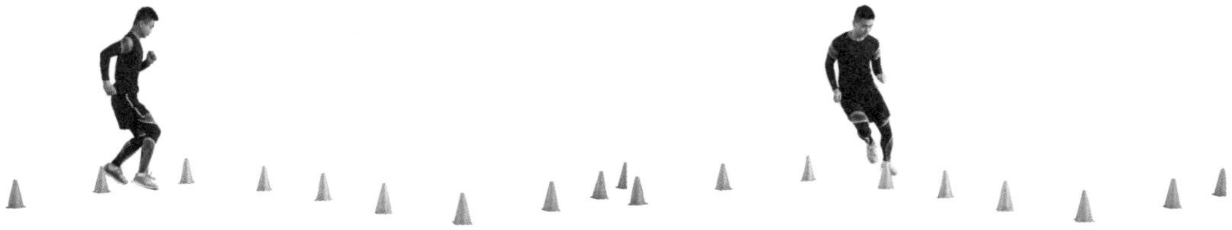

（A）（B）

（C）

图 5-2-21 “S” 形跑

2. “Z” 形跑

目的： 发展身体左右快速移动能力与全身协调性。

方法： 将若干个标志桶摆成“Z”形，间隔距离相等。练习者面对标志桶方向以最快速度依次绕标志桶呈“Z”形跑动，要求每当跑至左侧时左手触碰标志桶顶端，跑至右侧时右手触碰标志桶顶端（图 5-2-22）。

（A）　（B）　（C）

图 5-2-22　“Z”形跑

3. “X”形跑

目的：发展身体多方向快速反应与移动能力。

方法：将 5 个标志桶摆成“X”形，练习者站立于 1 号标志桶外侧（图 5-2-23A），当听到“开始”口令后快速跑到 5 号标志桶（图 5-2-23B），接着后退跑至 1 号标志桶（图 5-2-23C），再滑步至 2 号标志桶（图 5-2-23D），接着快速跑至 5 号标志桶，再后退至 2 号标志桶，重复练习直到完成 3 和 4 号标志桶，最后回到 1 号标志桶结束。

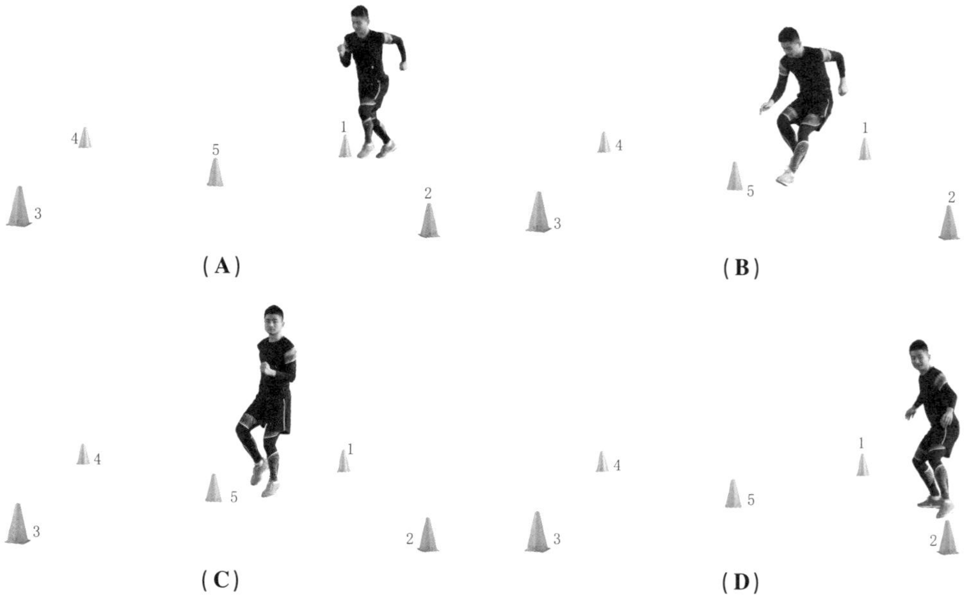

（A）　（B）　（C）　（D）

图 5-2-23　“X”形跑

4. “T” 形跑

目的：发展身体多方向快速反应与移动能力。

方法：将 4 个标志桶摆成 T 形，练习者站立于 1 号标志桶前侧（图 5-2-24A），当听到“开始”口令后快速跑至 3 号标志桶后向左侧横向高抬腿跑至 2 号标志桶（图 5-2-24B 和 C），绕过 2 号标志桶后交叉步跑至 4 号标志桶（图 5-2-24D），再绕过 4 号标志桶后向右侧横向高抬腿跑至 3 号标志桶，最后快速冲刺到 1 号标志桶完成练习。

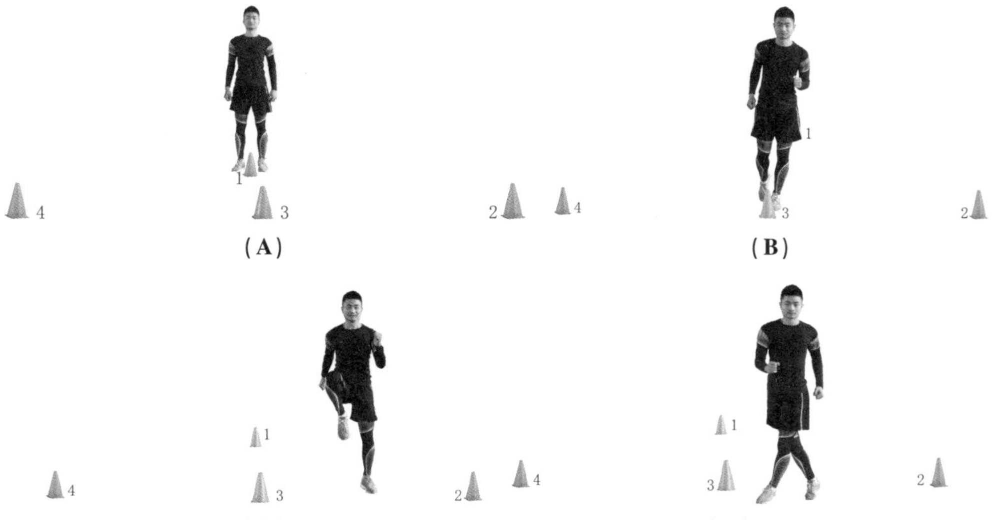

(C)　　(D)

图 5-2-24　“T” 形跑

5. “L” 形跑

目的：发展下肢频率与身体协调性。

方法：将 3 个标志桶摆成“L”形，练习者站立于 1 号标志桶前侧做原地高抬腿练习（图 5-2-25A），当听到“开始”口令后快速冲刺跑至 2 号标志桶后向左后方 90°转体（图 5-2-25B），快速后退跑至 3 号标志桶，再按相反顺序跑至 2 号和 1 号标志桶完成练习。

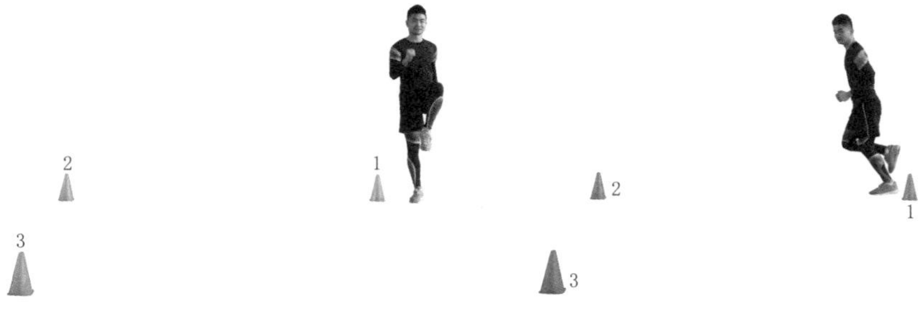

(A)　　(B)

图 5-2-25　“L” 形跑

6. “Y”形跑

目的：发展身体多方向快速反应与移动能力。

方法：将4个标志桶摆成“Y”形，练习者站立于1号标志桶前侧（图5-2-26A），听到“开始”口令后快速冲刺跑至2号标志桶，横向滑步至3号标志桶后再滑步回到2号标志桶（图5-2-26B和图5-2-26C），在2号标志桶后转身滑步至4号标志桶再滑步回到2号标志桶，最后冲刺跑到1号标志桶结束训练。

（A）

（B）

（C）

图5-2-26 “Y”形跑

7. “M”形跑

目的：发展快速反应能力与身体协调性。

方法：将5个标志桶摆成“M”形，练习者位于1号标志桶外侧站立（图5-2-27A），听到“开始”口令后快速冲刺跑至2号标志桶（图5-2-27B），绕过2号标志桶后俯卧爬行至5号标志桶（图5-2-27C），绕过5号标志桶再俯卧爬行至

（A）

3 号标志桶，然后起身冲刺跑至 4 号标志桶，最后横向滑步至 1 号标志桶结束练习。

(B)　　　　(C)

图 5-2-27　“M”形跑

8. 矩形跑

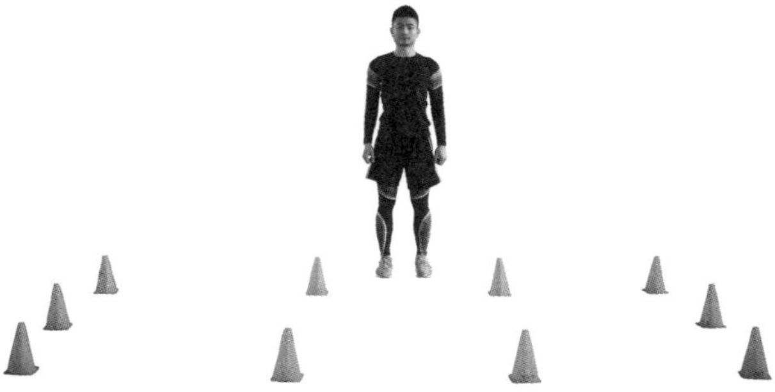

(A)

目的：发展身体多方向快速反应与移动能力。

方法：将若干个标志桶摆成一个矩形，每个标志桶代表不同的数字，练习者可站立于任意标志桶前。训练开始，当教练员喊出任意数字时练习者必须以最快速度冲刺跑至相对应的标志桶前并用手触碰标志桶顶端（图 5-2-28）。

(B)　　　　(C)

图 5-2-28　矩形跑

9. 正方形跑

(A)

目的：发展身体快速力量与反应能力。

方法：将 4 个标志桶摆成一个正方形，练习者位于 1 号标志桶外侧，听到“开始”口令快速完成 10 次收腹跳后冲刺跑至 2 号标志桶，到达 2 号标志桶继续完成 10 次收腹跳后再冲刺跑至 3 号标志桶（图 5-2-29），3 号和 4 号标志桶重复练习，最后冲刺跑至 1 号标志桶结束练习。

（B）　　　　（C）

图 5-2-29　正方形跑

10. 三角形跑

目的：发展下肢频率与身体协调性。

方法：将若干个标志桶摆成一个等边三角形，练习者在 1 号位置站立，当听到“开始”口令后，快速高抬腿跑至 2 号位置，在 2 号位置绕过标志桶后重复练习跑至 3 号位置，最后绕过 3 号位置标志桶高抬腿跑至 1 号位置结束练习（图 5-2-30）。可根据练习者需求将高抬腿换成其他不同步伐进行练习。

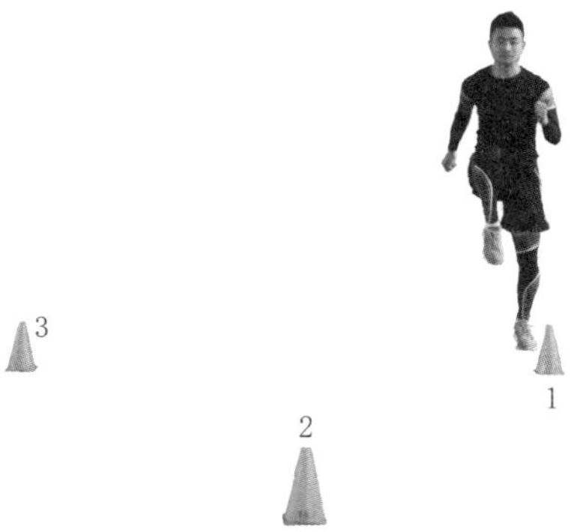

（A）

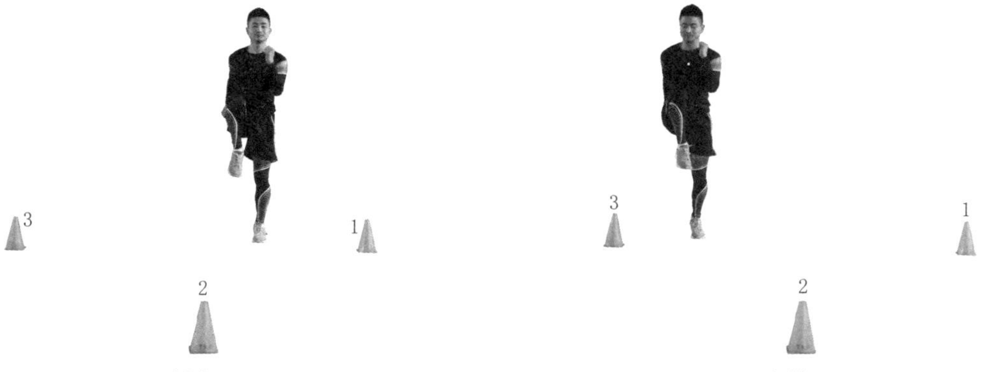

（B）　　　　（C）

图 5-2-30　三角形跑

(四) 抗阻力速度与灵敏性训练方法

1. 雪橇阻力跑

目的： 提高力量速度、爆发力和动作频率。

方法： 选用适合自身水平的杠铃片安装于雪橇架上，用连接绳将雪橇与系在腰上的腰带连接起来，完成规定距离的加速跑或冲刺跑。轮胎、沙袋等器材均可代替雪橇进行练习。

2. 弹力带阻力跑

目的： 提高力量速度与爆发力。

方法： 两人一组前后站立，将弹力带或弹力圈绕过练习者的髋部，位于身后的同伴紧握弹力带两头或将弹力圈套在自己身上，身体后坐向后牵拉弹力带。听到“开始”口令后，练习者快速向前做冲刺跑练习（图 5-2-31）。

图 5-2-31　弹力带阻力跑

3. 弹力带多向冲刺跑

目的： 提高反应速度与身体灵敏性。

方法： 将若干个标志桶摆成一个半圆形，每个标志桶代表不同的数字。练习者站立于标志桶后方，将弹力带绕过练习者的髋部，位于身后的同伴或教练紧握弹力带两头。训练开始，练习者按照教练报的数字快速跑至相应的标志桶前再后退至起点，重复练习（图 5-2-32）。

(A)　(B)

图 5-2-32　弹力带多向冲刺跑

思考题：

1. 简述竞技体育中的速度和灵敏性训练。
2. 速度和灵敏性训练的影响因素有哪些？
3. 速度与灵敏性训练方法有哪些？

CHAPTER 6 第六章

平衡与稳定性训练方法

本章提要： 平衡与稳定能力是人体在特定状态下维持身体姿势的能力，尤其是在较小支撑面上控制身体重心的能力。在竞技体育中，不同的运动项目对人体平衡与稳定性的要求不同，针对性的平衡与稳定性训练可以有效提高人体感受器的敏感性，增强机体调节运动中不同空间与状态下的平衡能力，从而有效预防运动损伤，提高运动能力。本章主要介绍竞技运动中平衡与稳定性的表现形式与种类及其意义；平衡与稳定性训练的影响因素；重点介绍平衡与稳定性训练方法与手段。

第一节　竞技运动中的平衡与稳定性

（一）平衡与稳定性的表现形式与种类

平衡是指人体维持某种姿势以及在运动中保持动态平衡与稳定的能力。根据平衡的概念，人们将人体平衡分为静态平衡、动态平衡和动态稳定性。静态平衡是指人体在固定支撑面上和相对静止的状态下保持某种姿势的能力，如单双脚平地站立、靠墙双手倒立等动作。动态平衡是指运动中在不稳定支撑面上控制特定身体姿势的能力，如蹦床、游泳、平衡球上单双脚站立等动作均属于动态平衡。动态稳定性是指人体从静止姿势到运动状态，再到静止姿势转换的过程中，保持动态平衡的能力，如跳水、跳远、体操等项目。人体平衡能力的实现需要视觉器官、前庭器官、本体感受器等一系列运动感知觉器官的参与，同时还与身体结构的完整性和对称性、肌肉力量等密切相关。由此可见，平衡能力是反映人体前庭器官、本体感受器、肌肉、肌腱及视觉输入等方面的综合能力。随着运动训练理论的发展，平衡与稳定性训练已被广泛应用于竞技体育运动员体能训练中。大量研究表明，平衡稳定性训练对损伤后重建运动系统功能，提高运动技术水平，减少运动损伤等具有积极作用。

（二）平衡与稳定性在竞技体育中的意义

在竞技体育中，平衡与稳定性是人体完成各种复杂动作的基本保障之一，尤其是在一些要求控制身体姿势和协调肢体动作的项目中，良好的平衡能力是运动员完成技术动作、发挥训练水平的根本要求。如在射击、射箭等项目中，运动员是否具有优异的平衡能力是能否取得良好成绩的关键，在篮球项目的空中投篮中，良好的平衡稳定性可提高投篮命中率，而在体操空中转体动作中，运动员平衡能力的差异直接导致运动成绩的高低。研究发现，平衡与稳定性训练对改善运动员静态下姿势晃动和动态平衡有积极的影响，尤其是单脚静态平衡能力得到显著改善。另有研究表明，平衡与稳定性训练可显著提高单脚动态平衡能力。Gioftsidou 等对受试者进行足球专项训练前和训练后的平衡训练干预，发现受试者在 Biodex 平衡测试系统下单腿动态姿势晃动均有显著改善。这说明平衡与稳定性训练在一定程度上对运动员竞技水平的提高具有积极作用。

平衡与稳定性训练还被广泛应用于竞技体育的康复训练中，其主要集中在踝关节与膝关节运动损伤预防与康复。国外学者 Erhagen 等对职业排球运动员进行平衡训练后发现，该训练可显著降低踝关节损伤和再损伤的发生率。我国学者蒋拥军等对 ACL 损伤重建后患者进行平衡促进训练，发现平衡促进训练可显著提高 ACL 损伤重建术后患者膝关节本体感觉能力的恢复。作为预防急性踝关节损伤和慢性踝关节不稳的手段，平衡与稳定性训练已普遍应用于运动损伤预防与康复中。

（三）平衡与稳定性的影响因素

1. 感觉器官的机能状态

感觉是客观事物在人脑中的主观反应。机体内、外环境中的各种刺激以神经冲动的形式通过感觉神经纤维传向大脑皮质的特定部位，从而形成感觉。人体的主要感觉有视觉、听觉、位觉、本体感觉、痛觉、冷热觉等，其中视觉、听觉、位觉和本体感觉的机能状态与人体的平衡与稳定性密切相关。人体对外界信息的感知主要来源于视觉，它是外源性信息在大脑中的主观感觉。视觉对维持人体平衡具有重要作用，人体可以在睁眼状态下紧靠视觉维持身体平衡与稳定，但在闭眼或快速运动时则需要听觉、位觉和本体感觉的共同参与来维持身体平衡与稳定。当视觉能力下降时，人体的平衡与稳定能力也会降低，从而阻碍运动技能的学习。听觉对人体平衡与稳定能力的影响表现在当受到强烈刺激导致听觉障碍时，大脑皮质兴奋与抑制过程失调、神经系统功能紊乱，从而引起烦躁、视觉不良、平衡器官功能下降等现象。

人体的位觉即前庭器官，运动时主要依靠前庭器官维持机体保持某种特定姿势和身体平衡。当位觉感受器受到过度刺激时，就会反射性地引起肌张力失调，破坏人体平衡能力，如晕船、晕车等现象就是因为个体位觉器官对交通工具的突然变速、摇晃等刺激过于敏感而导致的。本体感觉也称为运动觉，是指分布于肌肉、肌腱和关节囊中的本体感受器受到刺激所产生的机体各部位相对位置和状态的感觉，在一切竞技体育中，运动员借助视觉、听觉、位觉和本体感觉的共同参与控制运动时的动作节奏和速度，准确地感知空间位置，以维持身体在各种运动状态下的平衡与稳定。

2. 肌肉力量水平

肌肉力量水平是影响人体平衡与稳定能力的另一重要因素。研究表明，如果仅依靠骨骼和韧带而不考虑肌肉力量，人体的动态平衡能力将受到严重影响。而力量训练尤其是核心力量训练在一定程度上有助于改善人体的平衡与稳定能力。由于人体大部分肌肉都附着在“脊柱—髋—骨盆”上，这一区域通常被称为人体的“核心区”，运动时核心区域的肌肉相互协作稳定脊柱和躯干。国外学者研究发现，一般情况下次最大水平的肌肉力量已足以维持人体脊柱稳定性，而当机体受到较大的外力冲击时，则需要更高水平的肌肉力量对脊柱提供支持，以确保躯干的平衡与稳定。因此，为了确保人体平衡稳定能力和对身体姿势的精确控制能力，需要对维持姿势的肌群力量和其神经肌肉控制能力进行专门性训练，主要以在低强度下提高肌肉力量耐力和对动作的精确控制能力为主。

3. 身体机能状态

平衡与稳定性是人体各系统功能的一项重要指标，人体平衡与稳定的维持需要神经系统、感觉器官和运动系统等共同参与，各系统之间相互补偿，相互影响。因此，只有在各项身体机能都处于最佳状态时，相关系统之间才能相互协调，发挥良好的生理作用维持人体平衡与稳定。反之，平衡与稳定性则会受到影响，例如，当人体疲劳时生理功能紊乱、内分泌失调，导致情绪不安，心率、血压不稳定，反应时延长，感受器兴奋阈升高等现象，造成平衡能力下降，严重者还可导致运动损伤。

第二节　平衡与稳定性训练方法与手段

（一）瑞士球训练方法

1. 双手球上直臂支撑

目的：发展躯干平衡能力与肩关节稳定性。

方法：双手直臂支撑于瑞士球上，双脚依次向后退至手臂与身体呈 90°角，要求身体呈一条直线，核心收紧（图 6-2-1）。练习 3 ~ 5 次，每次 15 ~ 20 s，组间间歇 1 min。

图 6-2-1　双手球上直臂支撑

2. 双手球上俯卧撑

目的：发展上肢、核心区肌肉力量与躯干平衡稳定性。

方法：双手直臂支撑于瑞士球上，身体呈一条直线，核心收紧，在球上完成俯卧撑练习（图 6–2–2）。练习 3~5 组，每组 10~15 次，组间间歇 1 min。

（A）　（B）

图 6–2–2　双手球上俯卧撑

3. 双脚球上平板支撑

目的：发展核心力量与躯干平衡稳定能力。

方法：双脚放于瑞士球上，双手与肩同宽直臂支撑于地面，核心收紧，使身体呈一条直线（图 6–2–3）。练习3~5 组，每组 15~20 s，组间间歇 1 min。

图 6–2–3　双脚球上平板支撑

4. 双手球上俯卧提膝

目的：发展核心区肌肉力量及躯干平衡控制能力。

方法：双手直臂支撑于瑞士球上，身体呈一条直线，核心收紧，练习时左腿支撑，右腿屈膝上提至大腿与躯干约呈 90°角，停留 1~2 s 后，右腿支撑换左腿提膝（图 6–2–4），左右腿交替练习。练习 3~5 组，每组 10~12 次，组间间歇 1 min。

（A）　（B）

图 6–2–4　双手球上俯卧提膝

5. 球上仰卧挺髋

目的：发展背部、臀部肌肉力量与身体平衡稳定性。

方法：仰卧于垫面，头部与肩部着地，双手臂位于身体左右两侧，双脚脚跟置于瑞士球上，练习开始时髋关节向上推至大小腿呈 90°角，使肩、髋、膝 3 个关节呈一条直线（图 6-2-5），回到起始位置重复练习。练习 3～5 组，每组 6～8 次，组间间歇1 min。

（A）　（B）

图 6-2-5　球上仰卧挺髋

6. 跪姿推拉球

目的：发展上肢、核心区肌肉力量与躯干控制能力。

方法：双膝跪地，上半身前倾，双手小臂支撑于瑞士球上，双手向前推球至双臂伸直，使身体膝关节以上呈一条直线（图 6-2-6），停留 1～2 s 后将球回拉至起始位置。练习 3～5 组，每组 6～8 次，组间间歇 1 min。

（A）　（B）

图 6-2-6　跪姿推拉球

7. 球上背起

目的：发展背部肌肉力量与身体平衡能力。

方法：身体呈俯卧姿势，将瑞士球置于腹部位置，双脚支撑在地面上，双手交叉位于脑后，练习时在确保身体平衡的情况下完成背起练习（图 6-2-7）。练习 3～5 组，每组 10～12 次，组间间歇 1 min。

图 6-2-7　球上背起

8. 球上直臂支撑前行

目的：发展肩关节稳定性与身体控制能力。

方法：双手直臂支撑于地面，身体呈一条直线俯卧于瑞士球上，双腿并拢，腹部收紧，练习开始时双手依次交替向前爬至脚背贴球，再向后移动双手回到起始位置（图 6-2-8）。练习 3~5 组，每组 10~15 次，组间间歇 1 min。

图 6-2-8　球上直臂支撑前行

9. 球上俯卧屈髋

目的：发展上肢、核心区肌肉力量及身体平衡与稳定能力。

方法：双脚放于瑞士球上，双手与肩同宽，直臂支撑于地面，核心收紧，使身体呈一条直线（图 6-2-9A）。练习开始时腹部发力屈髋的同时上提臀部，使髋关节约呈 90°角（图 6-2-9B），停留 1~2 s 后回到起始位置，重复练习。练习 3~5 组，每组10~15 次，组间间歇 1 min。

（A）　　（B）

图 6-2-9　球上俯卧屈髋

10. 球上箭步蹲

目的：发展下肢肌肉力量与躯干的平衡稳定性。

方法：站姿，左腿支撑，右腿小腿位于瑞士球上，腹部收紧，上半身保持正直（图 6-2-10A），左腿屈膝下蹲至大小腿呈 90°角（图 6-2-10B），停留 1~2 s 回到起始位置，重复练习，左右腿交替练习。练习 4~6 组，每组 10~15 次，组间间歇 1 min。

（A）　　（B）

图 6-2-10　球上箭步蹲

（二）悬吊训练方法

1. 悬吊双腿支撑

目的：发展躯干支柱力量，提高躯干平衡与稳定能力。

方法：身体呈俯卧姿势，将双脚置于悬吊带上，双手直臂支撑，双腿伸直，双脚并拢，收紧核心，使头、背、腰、臀呈一条直线（图 6-2-11）。练习 3~5 组，每

图 6-2-11　悬吊双腿支撑

组30~45 s，组间间歇 1 min。

2. 悬吊单腿单手支撑

目的：发展躯干支柱力量，提高躯干平衡与稳定能力。

方法：身体呈俯卧姿势，将左脚置于悬吊带上，双手直臂支撑，双腿伸直，双脚并拢，收紧核心，使身体呈一条直线。在确保身体稳定后将右侧手臂向前伸直(图 6-2-12)，停留 30~45 s 后换反侧重复练习。练习 4~6 组，每组 30~45 s，组间间歇 1 min。

图 6-2-12 悬吊单腿单手支撑

3. 悬吊俯卧撑

目的：发展上肢与核心区力量，提高躯干平衡与稳定能力。

方法：身体呈俯卧姿势，双手紧握悬吊带，双臂伸直，双脚支撑，与肩同宽，核心收紧（图 6-2-13A），练习开始时手臂缓慢屈肘至大小臂呈 90°角（图 6-2-13B），停留 1~2 s 后回到起始位置，重复练习。练习 3~5 组，每组 10~15 个，组间间歇 1 min。

(A) (B)

图 6-2-13 悬吊俯卧撑

4. 悬吊收腹

目的：发展上肢与核心区力量，提高躯干稳定能力。

方法：身体呈俯卧姿势，将双脚置于悬吊带上，双手直臂支撑，双腿伸直，双脚并拢，收紧核心，使身体呈一条直线（图 6-2-14A）。练习时屈膝、屈髋，使双膝用力向上做收腹练习（图 6-2-14B）。练习 4~6 组，每组 15-20 次，组间间歇 1 min。

（A）　　（B）

图 6-2-14　悬吊收腹

5. 悬吊腿开合

目的：发展上肢与躯干肌肉力量，提高身体平衡与稳定性。

方法：身体呈俯卧姿势，将双脚置于悬吊带上，双手直臂支撑，双腿伸直，双脚并拢，收紧核心，使身体呈一条直线（图 6-2-15A）。在确保身体稳定后双腿同时向左右两侧最大幅度打开再收回（图 6-2-15B），重复练习。练习 4~6 组，每组 10~15 次，组间间歇 1 min。

（A）　　（B）

图 6-2-15　悬吊腿开合

6. 悬吊箭步蹲

目的：发展下肢肌肉力量，提高躯干平衡与稳定能力。

方法：站姿，右腿支撑，左腿置于悬吊带上，腹部收紧，上半身保持正直（图 6-2-16A），右腿屈膝下蹲至大小腿呈 90°角（图 6-2-16B），停留 1~2 s 回到起始位置，重复练习，左右腿交替练习。练习 4~6 组，每组 10~15 次，组间间歇 1 min。

（A）　　　　　　　　（B）

图 6-2-16　悬吊箭步蹲

7. 悬吊左右转体

目的：发展躯干支柱力量，提高身体平衡与稳定性。

方法：身体呈俯卧姿势，将双脚置于悬吊带上，双手直臂支撑，双腿伸直，双脚并拢，收紧核心，使身体呈一条直线（图 6-2-17A）。练习时右手支撑，左手臂直臂抬起并带动身体向左转体使身体呈“T”形（图 6-2-17B），停留 1~2 s 回到起始位置换另一侧练习。练习 4~6 组，每组 8~12 次，组间间歇 1 min。

（A）　　　　　　　　（B）

图 6-2-17　悬吊左右转体

8. 悬吊直臂上摆

目的：发展上肢与核心区力量，提高躯干稳定能力。

方法：身体呈站姿，双脚分开与肩同宽，双手直臂前伸并紧握悬吊带（图 6-2-18A），练习时身体缓慢前倾，双臂直臂向上摆动与身体呈一条直线（图 6-2-18B），回到起始位置重复练习。练习 3~5 组，每组 8~12 次，组间间歇 1 min。

（A）　　（B）

图 6-2-18　悬吊直臂上摆

9. 悬吊挺身

目的：发展上肢、背部与臀部肌肉力量，提高身体平衡与稳定性。

方法：坐姿，将双脚置于悬吊带上，双手直臂支撑，双腿伸直，双脚并拢，上半身稍向后仰（图 6-2-19A）。核心用力使臀部向上抬起与身体呈一条直线（图 6-2-19B），停留 30~45 s 后换回到起始位置重复练习。练习 4~6 组，每组 30~45 s，组间间歇 1 min。

（A）　　（B）

图 6-2-19　悬吊挺身

10. 悬吊俯身扩胸

目的：发展上肢、胸部与背部肌肉力量，提高躯干平衡与稳定性。

方法：站姿，身体俯身向前，双脚分开与肩同宽，双手直臂前伸并紧握悬吊带（图 6-2-20A），练习时双臂向两侧打开呈侧平举（图 6-2-20B），回到起始位置重复练习。练习 3~5 组，每组 8~12 次，组间间歇 1 min。

（A）

（B）

图 6-2-20　悬吊俯身扩胸

（三）BOSU 球训练方法

1. 单足站立

目的：发展身体平衡与稳定能力。

方法：双脚站立于球上，练习开始时右脚支撑，将左脚缓慢抬起至大腿与地面平行，手臂自然下垂或侧平举（图 6-2-21A）。保持 30~45 s 后回到起始位置，换另一侧练习（图 6-2-21B）。可通过改变手臂动作增加训练难度。练习 3~5 组，每组 30~45 s。

（A）

（B）

图 6-2-21　单足站立

2. 半蹲起

目的：发展下肢肌肉力量与躯干平衡稳定性。

方法：站立于球上，双脚分开与髋同宽，练习开始时屈髋、屈膝，保持背部平直，收紧核心，下蹲至大腿与地面平行，起立回到起始位置（图 6-2-22），重复练习。练习 3~5 组，每组 15~20 次。

（A）　　（B）

图 6-2-22　半蹲起

3. 单足半蹲起

目的：发展下肢肌肉力量与躯干控制能力。

方法：单脚站立于球上，练习开始时屈髋、屈膝，保持背部平直，收紧核心，非支撑腿直腿前伸，支撑腿下蹲至大腿与地面平行（图 6-2-23），起立回到起始位置，重复练习，左右腿交替练习。练习 4~6 组，每组 10~15 次。

（A）　　（B）

图 6-2-23　单足半蹲起

4. 侧桥单腿摆动

目的：发展躯干侧部肌肉力量，提高躯干控制能力。

方法：右手屈肘支撑于球上，身体成侧桥姿势，练习时右腿支撑，左腿直腿前后摆动至与右腿呈 60°角（图 6-2-24），完成规定次数后换另一侧练习。练习 4~6 组，每组 8~10 次。

（A）　（B）　（C）

图 6-2-24　侧桥单腿摆动

5. 坐姿转体

目的：发展躯干旋转量，提高身体平衡稳定性。

方法：身体呈"V"形坐于球上，双脚抬离地面，身体上半身稍向后仰，双手合抱置于腹前位置。训练时抬头挺胸，保持核心收紧，背部挺直，上体带动手臂左右转体（图 6-2-25）。练习 3~5 组，每组 10~15 次。

（A）　（B）　（C）

图 6-2-25　坐姿转体

6. 俯卧开合跳

目的：发展肩部、背部、核心区肌肉力量及核心稳定性。

方法：身体呈俯卧姿势，将 BOSU 球反面朝上，双手直臂撑于球上，双腿依次开合跳跃（图 6-2-26），训练过程中确保腹部收紧，双膝伸直，控制臀部上下运动幅度，避免幅度过大。练习 3~5 组，每组 10~15 次。

（A）　　　　（B）

图 6-2-26　俯卧开合跳

7. 仰卧交替抬腿

目的：发展腹部、腿部肌肉力量与躯干稳定性。

方法：身体呈仰卧姿势，臀部与下背部位于球上，双手掌心朝下位于球体两侧。训练时收紧腹部，双腿并拢的同时抬离地面，与地面呈 45°角。在此高度上交替抬腿（图 6-2-27）。练习 3~5 组，每组 10~16 次。

（A）　　　　（B）　　　　（C）

图 6-2-27　仰卧交替抬腿

8. 箭步蹲

目的：发展下肢肌肉力量，提高躯干平衡与稳定能力。

方法：身体呈左弓步，左腿位于球上，腹部收紧，上半身保持正直，左腿屈膝下蹲至大小腿呈 90°角（图 6-2-28），回到起始位置重复练习，左右腿交替练习。练习 4~6组，每组 10~15 次。

（A）　　　　（B）

图 6-2-28　箭步蹲

9. 半蹲纵跳

目的：发展身体平衡与稳定能力。

方法：身体呈半蹲姿势站立于球上，双脚分开与髋同宽，双脚发力的同时摆动手臂向上跳起，双脚落于球上，落地时屈膝缓冲，确保身体平衡与稳定后回到起始位置（图 6-2-29），重复练习。练习 3~5 组，每组 10~15 次。

（A）（B）

图 6-2-29 半蹲纵跳

10. 双脚侧向跳

目的：发展身体平衡与稳定能力。

方法：双脚分开，与肩同宽，侧对 BOSU 球站立，摆动双臂，屈膝下蹲，双脚蹬地的同时手臂带动身体快速向侧上方跳起，双脚落于球上，落地时屈膝缓冲，确保身体平衡与稳定，回到地面重复练习（图 6-2-30）。练习 3~5 组，每组 10~15 次。

（A）（B）（C）

图 6-2-30 双脚侧向跳

思考题：

1. 竞技运动中的平衡与稳定性有哪些表现？
2. 影响平衡与稳定发展的因素有哪些？
3. 如何结合运动专项进行平衡与稳定性训练？

CHAPTER 7 第七章

能量代谢系统训练

本章提要： 能量代谢是指人体各种能源物质在体内进行分解与代谢中所产生的能量释放、转移和利用的过程。人体运动时的能量代谢包括有氧代谢和无氧代谢，一切运动的能量来源都是由这两种代谢方式以不同的比例组成的。本章介绍了 3 个能量系统；竞技体育中不同运动项目的能量代谢特征；最大摄氧量、需氧量、乳酸阈等与能量代谢训练有关的生理指标；有、无氧训练的生理学基础与训练方法和手段。

第一节　竞技运动中的能量代谢

一、人体运动时的 3 个能量系统

（一）人体能量的基本单位——ATP

ATP（三磷酸腺苷）是人体维持各种生理活动所需能量的基本单位，通常情况下人体在不断地利用和补充 ATP 为身体提供能量来满足肌肉收缩、神经传递、血液循环、食物的消化和吸收等活动。ATP 在酶的作用下迅速分解为 ADP（二磷酸腺苷）和 Pi（磷酸盐分子），同时释放能量供机体利用（图 7-1-1）。

$$\text{ATP} \xrightleftharpoons[H_2O]{\text{ATPase}} \text{ADP+Pi+能量}$$

图 7-1-1　能量转化过程

（二）3 个能量系统

人体 ATP 的存储量非常有限，最终需要通过机体摄入的糖、脂肪和蛋白质的氧化分解来满足人体运动时的能量需求。人体能量的产生有 3 种不同的途径，其对应的是 3 个能量系统：即时（ATP-CP）能量系统、短时（糖酵解）能量系统和长时（氧化磷

酸化）能量系统。

1. 即时（ATP-CP）能量系统

ATP-CP 系统又称磷酸原系统。该系统主要由结构中带有磷酸基团的 ATP（包括 ADP）和 CP（磷酸肌酸）构成，由于在供能代谢中均发生磷酸基团的转移，故称为磷酸原。肌肉运动时 ATP 直接分解产生 ADP、Pi 和能量，为保证能量的持续供应，ADP 再次与 CP 在 CK（肌酸激酶）的作用下产生新的 ATP。

ATP-CP 系统能够非常迅速的产生 ATP，因此也将其称为即时能量系统。由于产生的 ATP 非常有限，该系统只能维持持续时间为 6～8 s 的短时间、高强度运动项目，如田径中的 100 m、跳远、跳高或举重项目。

2. 短时（酵解能）能量系统

运动中骨骼肌糖原或者葡萄糖在无氧条件下酵解，生成乳酸并释放能量供机体利用，因此该系统也称乳酸能系统。与 ATP-CP 系统相比，酵解能系统能产生更多的能量，但其需要更多的时间并且会产生乳酸，乳酸分解产生的氢离子易导致体前疲劳。酵解能系统适用于持续时间为 30～130 s 的高强度、中等距离运动项目，如 400 m、800 m 跑和 100 m 游泳项目等。

3. 长时（氧化磷酸化）能量系统

与前两种能量系统不同，氧化磷酸化系统需要利用氧气来产生 ATP，因此它也被称为有氧供能系统。糖、脂肪和蛋白质在氧供应充分的情况下，氧化分解产生大量能量。该系统以糖和脂肪供能为主，由于这两种物质在体内存储量较大，因此可维持持续时间在 5 min 以上、长时间、低强度的运动项目，如马拉松、长距离游泳、公路自行车赛等耐力性项目中氧化能系统处于主导地位。

二、竞技运动中的能量代谢特征

人体通过以上 3 种途径获得能量，每个能量系统都有各自的特点，每项运动也具有该项目的代谢特征。但需要注意的是，所有运动项目中并非只有一种能量系统在供能，而是以其中一种为主，其余为辅进行供能，随着运动强度不断变化 3 种能量也处于不断变化中。例如，公路自行车比赛中人体的能量供应以氧化能系统为主（图 7-1-2），但在不同的比赛阶段呈现不同的能量代谢特征：通常在集团骑行阶段强度中等且持续时间较长，因此以氧化能系统为主；在爬坡阶段随着强度的增大，这时能量代谢以酵解能系统为主；在最后冲刺阶段运动员需要在短时间、极限负荷的情况下完成冲刺，此时机体的能量代谢以 ATP-CP 代谢系统为主。因此，在竞技体育体能训练中，教练需要认真分析运动项目的代谢特征，根据项目特点结合运动员个体差异合理制订训练方案，确保训练的科学性和高效性。

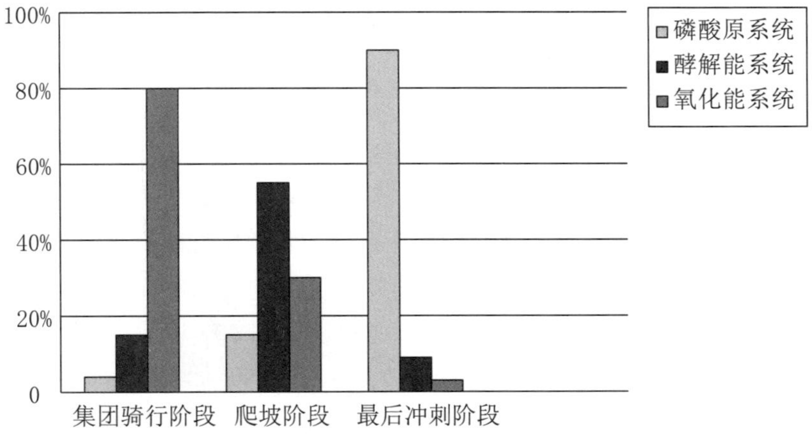

图 7-1-2 公路自行车赛中能量代谢特征（Ben Reuter）

三、与能量代谢训练有关的生理指标

（一）心率

心率是指心脏每分钟搏动的次数，它是反映人体代谢水平的重要指标。心率具有明显的个体差异，运动时人体的心率随运动强度和时间不断变化，通常在体能训练中心率被用来监测训练强度。长期系统的能量代谢训练使机体对高心率产生适应，同等强度的运动刺激，其心率增幅降低；当机体处于安静状态时，心率降低，出现能量节省化现象。

（二）需氧量

需氧量是指机体为维持某种生理活动所需要的氧量，通常分为每分需氧量和总需氧量。每分需氧量反应运动强度的大小，运动强度越大，每分需氧量则越大；运动强度越小，每分需氧量就越小。总需氧量反应运动持续时间的长短，持续时间越长的运动项目总需氧量越大。正常成年人安静时需氧量约为 250 mL/min ，在大强度运动时，如 100 m 跑的每分需氧量高达 40 L/min，但总需氧量只有 7 L 左右；而中等强度的马拉松跑时每分需氧量为 2~3. 5 L/min，但总需氧量可达 700 L 以上。

（三）摄氧量

摄氧量是指单位时间内机体能够摄取并利用的氧量，也称耗氧量。人体在安静时，能量消耗少，单位时间内摄取的氧量可以完全满足机体的实际需求，因此摄氧量与需氧量相等。在进行大强度、持续时间短的剧烈运动时，摄氧量因不能满足实际需氧量时将会出现氧亏，运动强度越大，每分需氧量越大，出现的氧亏越多。同时在低强度运动的开始阶段由于机体内脏器官的生理惰性也会出现氧亏现象。

（四）最大摄氧量

最大摄氧量是指人体在进行有大量肌肉群参与的长时间剧烈运动中，当心肺功能和肌肉利用氧的能力达到人体极限水平时，单位时间内摄取的氧量，通常以每分为单位进行计算。最大摄氧量是评价人体有氧代谢系统的重要指标之一，它反映了机体吸入氧、运输氧和利用氧的能力。最大摄氧量的表示方法有绝对值和相对值两种。绝对值是指机体在单位时间内所能摄取的最大氧量，通常以 L/min（升/分）为单位。相对值是按每千克体重计算的最大摄氧量，相对值消除了个体间身高及体重的差异，在评价中更具有实际意义。最大摄氧量受遗传因素的影响较大，并因年龄、性别等因素而有所差异。正常成年男子最大摄氧量相对值为 50~55 mL/（kg·min），绝对值为 3.0~3.5 L/min；女子最大摄氧量相对值为 40~45 mL/（kg·min），绝对值为 2.0~2.5 L/min。

（五）乳酸阈与个体乳酸阈

竞技运动中人体 3 种能量系统处于不断地变化中，进行持续性递增负荷运动时，人体能量代谢呈现从开始的以有氧代谢为主逐渐过渡到以无氧代谢供能为主的特点。随着运动强度的增加，当有氧代谢产生的能量不能满足机体需求时，酵解能供能比例增加，导致血乳酸浓度明显增加，当运动强度达到某一负荷时，血乳酸浓度急剧增加。而急剧增加的这个点（乳酸拐点）称为“乳酸阈”，该点所对应的运动强度即乳酸阈强度。乳酸阈反映了机体在运动中的代谢方式以有氧代谢为主过渡到以无氧代谢为主的转折点。乳酸阈值越高，有氧能力越强。

受训练水平等因素影响，乳酸阈具有较大的个体差异。研究发现，在渐增负荷运动时血乳酸急剧上升时的乳酸水平在 1.4~7.5 mmol/L。因此，将个体在渐增负荷运动中的乳酸拐点称为“个体乳酸阈”。个体乳酸阈能够更准确地反映机体有氧代谢水平，其被广泛应用在体能训练监测与评价中。

第二节　能量代谢系统训练方法与手段

竞技体育中人体的 3 个供能系统分别为磷酸原系统、酵解能系统和氧化能系统。短时间、高强度（6~8 s）运动中主要以磷酸原系统供能为主，酵解能系统主要为持续性、高强度（30~130 s）运动供能，而氧化能系统则为长时间、低强度（>5 min）的运动提供能力。磷酸原和酵解能系统在不需要氧气的情况下可产生能量，因此称为“无氧代谢系统”，氧化能系统需要利用氧来产生能量，所以被称为“有氧代谢系统”，与这两种代谢系统对应的训练为“无氧训练”和“有氧训练”。

一、无氧训练

无氧训练是以发展 ATP-CP 和糖酵解系统在运动中为机体供能的能力为目的所进行的针对性训练。无氧能力代表了人体在大强度、力竭运动时的耐力水平。一切短时间、高强度的运动项目，如举重、投掷、跳跃、短跑等项目，以及长距离运动的开始、加速和冲刺阶段均对人体的无氧能力提出要求，因此无氧训练在竞技体育体能训练中具有重要意义。

（一）无氧训练的生理学基础

1. 肌纤维的类型

根据肌纤维的颜色、收缩速度和代谢特点等，人们通常将肌纤维分为快肌纤维（白肌）和慢肌纤维（红肌）。不同的肌纤维其肌肉力量、收缩速度以及肌肉抗疲劳能力均不同。研究发现，慢肌纤维中线粒体体积大且数量多，线粒体中有氧代谢酶活性较高，肌肉中肌红蛋白含量丰富，毛细血管网发达，因此慢肌纤维的有氧代谢能力较高。快肌纤维中线粒体体积小且数量少，但一些与无氧代谢有关的酶的活性明显高于慢肌纤维，如镁-三磷酸腺苷酶活性是慢肌纤维的 3 倍，磷酸肌酸激酶活性是慢肌纤维的 1.3 倍。由此可见，慢肌纤维的无氧代谢能力较高，机体慢肌纤维含量高，为运动员进行无氧训练提供物质基础。

2. 体内能源物质的储备量

无氧训练的能量来源由 ATP-CP 和酵解能供能系统组成。ATP-CP 的供能能力主要取决于 ATP 和 CP 的含量，肌肉运动中 ATP 直接分解供能，为维持 ATP 的水平，CP 在肌酸激酶作用下再次合成 ATP。人体每千克肌肉中 ATP 和 CP 的含量在 15~25 mg，极限强度运动中肌肉中的 ATP 和 CP 在 10 s 内几乎耗竭。研究表明，在连续 30 s 的膝关节伸展训练中，通过 7 周训练后发现肌酸激酶和肌激酶（均为与无氧代谢有关的酶）都显著提高，从而影响 ATP-CP 系统的供能能力。糖酵解供能是指肌糖原无氧分解为乳酸时释放能量的过程，其供能能力主要取决于肌肉中糖原的储备量及其酵解酶活性的高低。实验发现，15~30 s 或更长时间的训练后，磷酸果糖激酶、脱氢酶和乳酸脱氢酶等糖酵解酶的浓度均有显著提高，这些酶的增加可提高酵解能系统的效率。

3. 机体缓冲代谢产物的能力

糖酵解供能过程中产生大量乳酸导致血液 pH 值下降，引起肌肉疲劳、人体机能下降。机体对乳酸的缓冲能力，直接影响肌肉内部的酸碱平衡及人体运动时机能的稳定性。血液 pH 值的稳定性对生命活动具有意义，当血液 pH 值的变动超过正常范围时就会影响各种酶的活性，从而引起各种生理机能的紊乱，甚至出现酸或碱中毒现象。碱储备是反映人体在运动时缓冲能力的一项生理生化指标，有实验数据表明，运动员的碱储备比普通人高10%。研究发现，反复冲刺跑训练可以提高人体对抗糖酵解代谢过程中产生的乳酸堆积的能力，最大限度降低血液pH值的变化。这说明无氧训练可增加机体对代谢产物的缓冲能力，反之缓冲能力提高对机体对抗疲劳和无氧能力的发展有一定的积极作用。

（二）无氧训练方法

1. 规定距离折返跑

在球类项目的体能训练中，以球场的长或宽为标准进行规定距离与次数的折返跑，强度为80%~90%。训练组数与组间间歇时间根据运动员的训练水平控制。

2. 重复接力跑

一组队员在田径场按接力顺序依次站在各自交接棒的起点，第1人冲刺跑至第2人，第2人冲刺跑至第3人，直到最后一个人跑至第1人，练习过程中运动员交完接力棒后将留在该位置等待下一轮训练，重复循环练习，强度为80%~95%。

3. 绳梯跑

在10~15 m长的绳梯上快速跑或跳，可将3~5个动作组合成一组，每个动作重复练习3次，连续完成3~5个组合动作为一组，训练强度为85%~90%。训练组数与组间间歇时间根据运动员的训练水平来控制。

4. 反复冲刺跑

通常进行距离为60 m、80 m、100 m、120 m、150 m、200 m、300 m的冲刺跑，重复次数依据距离的长短及运动员水平而定，一般每组2~3次，重复2~3组，组间间歇3~5 min，练习时心率应达180次/min，间歇恢复至120次/min可开始下一组训练。

5. 上、下坡变速跑

在7°~10°的斜坡跑道上做上、下坡加速快跑100~120 m，下坡放松慢跑回到起点。每组4~6次，做3~5组，组间间歇10 min。强度为65%~75%。

6. 追逐跑

跑道上2~3人一组，相距10~20 m（根据水平而定）。听口令后起跑，后面的人追赶前面的人，200 m内追上有效，间歇3~5 min，下次交换位置。重复4~6次，强度为65%~75%。

7. 游泳接力

2~4人为一组，在泳池进行50 m往返接力，也可混合姿势游。每人游4次为一组，3~4组，组间间歇5~8 min，强度为60%~70%，也可进行迎面接力。

8. 变速跑

在场地进行变速跑，快跑与慢跑的距离根据专项与运动员水平而定，如短跑运动员一般采用 100 m 快跑+100 m 慢跑、直道快跑+弯道慢跑（80~100）m 以上（下）坡快+（80~100）m 的上（下坡）慢跑，中跑运动员一般采用 200 m 快+100 m 慢、300 m 快+100 m 慢跑、400 m 快+200 m 慢跑、500 m 快+200 m 慢跑等，强度为 60%~80%。

9. 重复连续跑台阶、楼梯

在每级 20 cm 的楼梯或高 50 cm 的看台上，连续跑 30~40 步台阶，每步 1~2 级，重复 6~8 次，每次间隔 5 min。强度为 65%~70%，要求动作不间断，也可定时完成。

10. 阻力跑

采用阻力伞或雪橇，在跑道上进行冲刺跑或变速跑，每组跑 200~400 m，重复3~5 组，组间间歇 3~5 min，强度为 80%~90%。

二、有氧训练

有氧训练是以发展机体氧化能系统在运动中提供能量为目的进行的训练。机体要长时间运动，必须有持续不断的能量供应。充分的氧供应是实现有氧代谢的前提，也是制约有氧代谢的关键因素，同时无氧训练应建立在有氧训练的基础之上。

（一）有氧训练的生理学基础

1. 肺的通气机能

运动时肺通气量越大，机体摄入的氧量越多，反之则越少。肺通气量是指机体单位时间内吸入（或呼出）的气量，一般以每 min 为单位计量，也称每分通气量。人体在安静时每分通气量为 6 L，每分摄氧量为 0. 25 L。最大强度运动中，最大肺通气量可达 190 L/min，最大摄氧量可达 5 L/min。评价肺的通气机能的另一指标是肺泡通气量，即每 min 吸入肺泡的实际能与血液进行气体交换的有效通气量。在进行有氧训练时，提高肺泡通气量比提高肺通气量更有意义。肺的通气机能受呼吸深度和呼吸频率的影响，在进行有氧训练时采取适宜的呼吸频率，适当加大呼吸深度有助于提高机体肺泡通气量，增加氧气的摄入量，从而提高有氧能力。

2. 血液载氧能力

肺吸入的氧气经过血液中的血红蛋白运输到各个组织细胞中参与代谢。血红蛋白是红细胞内的主要成分，具有运输氧气和二氧化碳、缓冲血液酸碱度的作用。正常成年男性血红蛋白浓度为 120~160 g/L，成年女性为 110~150 g/L，血液中红细胞和血红蛋白数量的变化会影响人体的有氧能力。血红蛋白低于正常值时会出现贫血，导致氧和其他营养物质供应不足，使机体有氧工作能力下降。当血红蛋白过高时会使血液的黏滞性增大，造成血流阻力，增加心脏负担，从而引起身体机能紊乱，降低机体工作能力。正常生理范围内，血红蛋白含量越高，血液运输氧的能力越强。

3. 心脏泵血功能

心脏泵血功能是制约人体有氧能力的主要因素。从通气/血流比值看，人体在安静时肺泡通气量为4.2 L/min，心输出量为5 L/min，通气/血流比值约为0.85。运动时最大肺泡通气量可增至120 L/min，达到安静时的29倍，而心输出量的最大值为35 L/min，通气/血流比值上升至3.4。从通气/血流比值的增加可以看出，呼吸和循环两个系统中限制人体有氧能力的因素在于心脏的泵血功能。心率、每搏输出量、射血分数、心输出量和心力贮备等是评价心脏泵血功能的重要指标。长期系统的运动训练可使心腔扩大、心肌肥厚、心肌收缩功能增强，泵血效率显著提高。

4. 骨骼肌的代谢能力

骨骼肌的代谢能力是影响有氧能力的重要因素，骨骼肌的代谢能力与肌纤维的类型密切相关。慢肌纤维中线粒体大而多，线粒体中有氧代谢酶活性高，肌红蛋白含量丰富，且毛细血管网较为发达，因此当肌肉中慢肌纤维多时，机体有氧代谢能力随之提高。

5. 肌糖原含量

糖是人体运动时最基本的供能物质。人体摄入的糖经过消化分解以血糖、肝糖原和肌糖原的形式贮存。肌肉进行有氧代谢的主要能源物质为肌糖原。人体肌糖原的贮存量为300~400 g，浓度为80~100 mmol/kg。肌糖原既是高强度无氧运动时机体的重要能源，又是中等和大强度有氧运动时的主要能量来源。因此，肌糖原含量越高，有氧供能能力越强。

（二）有氧训练方法与手段

1. 长距离慢速跑

长距离慢速跑（long slow distance，LSD），目的是促进肌糖原的消耗并最大限度提高脂肪代谢的速度。强度控制在50%~60%，距离在20~35 km。

2. 法特莱克跑

在场地、公园或跑步机上交替进行加速跑与慢跑训练，训练强度为50%~85%，训练时间持续30~60 min。

3. 高原训练

根据运动员的专项及个人特点，在适宜的海拔高度进行耐力跑或竞走训练，通过增加循环血液中红细胞和血红蛋白的数量，提高机体对氧债的承受能力，进而提高能量代谢水平。

4. 定时定距跑

按照规定时间跑完规定距离的训练手段，如 20 min 内跑完 5 km，强度为 50%~60%。

5. 负重跑

练习者身穿 20~30 kg 的负重背心在场地或公园进行定时或定距跑，强度为 50%~60%，训练组数与组间间歇时间根据运动员的训练水平来控制。

6. 3 min 以上跳绳或跳绳跑

在跑道上原地跳绳 3 min 或跳绳跑 2 min，每组 3~5 次，组间间歇 5 min，强度为 45%~60%。要求每次结束时，心率在 140~150 次/min，恢复至 120 次/min 以下开始下一次练习。

7. 连续跳箱

3~5 个跳箱排成一条直线，练习者正对跳箱站立，训练时快速跳上跳箱再跳下，落地后迅速向上跳上下一个跳箱，可折返练习，连续跳 20~30 次为一组，做 3~5 组，组间间歇 3~5 min，强度为 60%~65%。

8. 循环站练习

将 3~5 种练习编成一组，例如，有 5 名队员训练，可将跳绳、立卧撑、高抬腿、开合跳和杠铃片快推 5 个动作按顺序编成一组，每个动作持续 1 min，训练时各站点安排一名队员，要求 5 个站循环练习，练习 3~5 组，组间间歇 3~5 min，强度为 50%~65%。

9. 水中定时游

规定或不规定游泳的姿势及速度，但要求不间断地游 15~20 min，强度为 40%~50%。

10. 其他练习

定向越野、自行车、登山、划船等其他长时间的持续性训练均可发展有氧代谢能力，训练方式及训练强度可根据练习者的兴趣爱好、训练目的和训练水平进行安排。

思考题：

1. 简述人体运动中的能量代谢与特征。
2. 简述与能量代谢系统相关的生理指标。
3. 简述有氧和无氧训练的生理学基础。
4. 如何结合运动专项进行能量代谢系统训练？

CHAPTER 8 第八章

运动损伤及防治

本章提要： 本章主要介绍常见运动损伤的概述，运动损伤的预防和康复原则，以及常见运动损伤预防和康复方法。希望通过本章的学习，学生掌握常见运动损伤的原因、病理诊断、康复和预防方法。

第一节 常见运动损伤概述

人们在生活、工作及体育锻炼等不同场景中，难免会发生意外。在体育锻炼过程中，由于机械性或物理性因素所造成的伤害（包括组织或器官在解剖上的破坏或生理上的紊乱）称为运动损伤。

一、运动损伤的特点

因为运动项目较多，因而损伤种类也较多，不同运动项目及各部位的损伤发生率也各不相同。但总的来说，肌肉、筋膜、肌腱、腱鞘、韧带及滑囊等各种组织的小损伤多，慢性损伤多，骨折、关节脱位等严重伤少，急性损伤少。体育锻炼者如掌握了运动损伤发病规律，就可采取适当的预防措施，从而降低运动损伤的发生率，对预防与治疗运动损伤有重大的意义。

运动损伤与一般创伤不同，它有以下特点：

（1）不同运动项目各有其专项多发性损伤，与运动技术密切相关。

（2）运动损伤的种类以慢性、小创伤（或微细创伤）较多。

（3）在治疗措施中，改进与安排锻炼非常重要。

（4）研究运动损伤必须非常注意受伤动作与受伤机制，否则就很难谈到预防。

二、运动损伤的规律

（一）运动损伤发生与运动项目的关系

运动损伤的发生可因运动项目的不同而不同，但有一定规律。根据专家对2725例运动损伤发生特点的分析发现，运动损伤的发生与专项技术要求密切相关，而不同的运动项目又各有其不同的创伤好发部位及专项多发病。例如，篮球运动最易伤膝（髌骨软骨病、半月板及副韧带损伤）和踝（踝关节周围韧带扭伤），体操运动易伤腰（腰部肌肉筋膜炎、棘突骨膜炎及椎板骨折等）、肩（肩袖损伤及肱二头肌长头肌腱腱鞘炎）、膝（髌骨软骨病及半月板损伤）、腕（伸屈肌腱腱鞘炎）等。

（二）运动损伤发生的潜在因素

不同运动项目会发生身体不同部位的损伤，主要是由于下列两个潜在因素决定的。

1. 运动项目的特殊技术要求

例如，篮球运动最易伤膝，这是由于篮球运动的一些基本动作都要求膝关节处于半蹲位（130°~150°）时发力，在完成左右移动、进攻、防守、踏跳、上篮等动作时，膝关节发生屈曲、扭转、摩擦等，而膝关节半屈位正是它的解剖弱点，此时韧带及肌肉放松，关节杠杆长，导致关节稳定性相对较弱，易发生膝关节的内外旋或内外翻，髌骨关节面之间也会发生“不合槽”运动，因而易发生膝部软组织损伤（如韧带、半月板损伤和髌骨软骨病等）。又如，体操运动易出现肩袖损伤，这主要是由于吊环、高低杠、单双杠的各种悬吊及大幅度转肩动作的特殊要求造成的。

2. 锻炼者身体某部存在的解剖生理弱点

例如，肩关节由肩胛骨的关节盂和肱骨头组成，相连两骨关节面大小相差较大。由于肩关节盂较小，肱骨头较大，要完成肩关节的大范围回转动作时，主要是依靠肩袖肌腱的固定作用，肩袖受到的负荷也最大，所以肩关节就容易发生肌肉、肌腱的拉伤，严重者还会发生肩关节脱位。另外，由于肩袖肌腱在肱骨大结节的附着点在抬肩时与肩峰经常摩擦，因此一旦肩关节大范围活动过多，就易引起肩袖肌腱的慢性损伤。在解剖结构上，髋关节与肩关节都属于典型的球窝关节，关节活动度较大，可以做屈伸、内收外展、旋转和环转运动。但髋关节由股骨头和髋臼组成，股骨头的关节面约占球面的2/3，髋关节的关节囊坚韧，周围还有韧带加强，周围的肌肉也远较肩关节周围的肌肉强大，所以髋关节的稳定性要比肩关节强大得多。

三、运动损伤的治疗原则

（一）急性闭合性软组织创伤的早期处理原则

随着人们运动意识的提高，运动损伤的发生率也逐渐提高，科学合理的运动不仅可以强身健体，还能锻炼人的心智，但是如果运动前热身不足，运动量突然增加或姿势不正确，都会造成运动伤害。其中，急性闭合性软组织创伤的发生率较高。一般来说，中医治疗运动伤害以急性疼痛时冰敷、慢性酸痛时热敷为原则，而在国际上运动伤害救护工作中，通常采用的是 RICE 原则，即休息（rest）、冰敷（ice）、加压包扎（compression）和抬高患肢（elevation）4 个步骤。在运动伤害的处理原则中，RICE 是用来做急救处理的，如处理挫伤、肌肉拉伤、关节扭伤、脱位及骨折等急性闭合性创伤。

1. 休息

要求锻炼者立即停止运动，适当休息可以促进创伤较快恢复。

2. 冰敷

把冰袋置于受伤部位，在受伤后 48 h 内，每 2~3 h 冰敷 20~30 min，冰敷时皮肤的感觉有 4 个阶段：冷—疼痛—灼热—麻木，当受伤位置感到麻木的时候，立即移开冰袋，然后在受伤部位以弹性绷带加压包扎并抬高。冰敷可以使血管收缩，减少伤处的肿胀、疼痛及痉挛，受伤后立即使用冰敷可减少伤部的肿胀，有助于创伤尽快恢复。但要注意冰敷的时间不要过长，长时间冰敷会发生冻伤。

3. 加压包扎

通过压迫减小局部伤害的肿胀及内出血，包扎时，通常用弹性绷带自伤处几寸之下开始往上包，以螺旋状重叠包扎，平均而且轻微施力缠绕，到伤处时用力减小。

4. RICE 原则的操作顺序

（1）停止运动，保持不动，特别是不要让受伤的部位活动。

（2）了解受伤的程度。

（3）在患部敷上冰袋。

（4）用弹力绷带将冰包固定住。

（5）把患肢举到比心脏高的位置。

（6）感觉消失或者是冰敷 20 min 后将冰袋拿走。

（7）使用海绵橡胶垫子和弹力绷带做加压包扎。

（8）根据创伤的程度每 1 h 或 1.5 h 用冰袋进行冷敷，直到患部的疼痛得到缓解为止。

(9) 睡觉时把弹力绷带拆除，或者适当松解包扎的压力，并把患肢举到比心脏高的位置。

(10) 次日清晨开始重新进行一次 RICE 处置。

(11) 如果受伤严重，以上程序需坚持做两三天。

(二) 运动损伤治疗的其他原则

1. 合理安排伤后锻炼

一旦伤愈即能迅速投入正规锻炼。通过肌力练习防止伤部肌肉萎缩，加强关节稳定，促进血液和淋巴循环，改善伤部组织代谢与营养，消除粘连，缩短修复时间，锻炼者受伤后应该避免完全停止锻炼。

2. 使用粘膏支持带或保护带

其目的是防止再伤和保护已伤关节，锻炼者能迅速投入锻炼。

3. 局部治疗

局部治疗包括按摩、理疗、外敷药和局部封闭，其作用是消炎止痛、改善伤部代谢、消除水肿、加速愈合、消除疤痕粘连与挛缩等。

4. 注意全身治疗

运动损伤的发生常与全身状态不良有关。治疗时也应注意改善全身状态，如内服中药，补给维生素 B、维生素 C、维生素 E 等。

第二节　运动损伤的预防与康复原则

一、运动损伤的预防原则

(一) 加强宣教工作

积极开展运动损伤防护、急救知识教育，在锻炼和比赛中，要认真贯彻以预防为主、安全第一的方针，加强社会体育指导员和锻炼者对预防运动损伤意义的认识，是提高运动成绩，确保锻炼者身心健康的重要环节。

(二) 注意全面身体锻炼，提高机体对运动的适应能力

要取得优异的运动成绩并保证身体健康，就需要足够的肌肉力量，如爆发力、平衡、协调能力及良好的心肺功能，有了这些良好的素质条件，就能降低运动损伤的发生率及严重程度。因此，要注意全面的身体锻炼。

（三）科学合理安排锻炼和比赛

在制订和执行锻炼计划时，既要符合科学的锻炼原则，也要符合人体对运动负荷的适应性规律。首先应认真做好准备活动，准备活动内容要具有针对性，如锻炼和比赛中负荷较大和容易受伤的部位，应重点做好准备活动及专项辅助活动，这样不但可使局部血液循环增加，肌肉伸展性、弹性增加，应激力上升，关节柔软性增大，还能调整锻炼者的心理状态，减少紧张感和压力感，使运动损伤发生率降到最低水平。

（四）加强医务监督，建立和健全自我监督制度

1. 锻炼者应定期进行体格检查

锻炼者在锻炼前及锻炼中都应进行体格检查，尤其是伤病检查，如锻炼者患有先天畸形，畸形部位又是该项目负担较重的部位，则不宜从事该项目的锻炼，如腰椎先天畸形不宜从事体操、举重等腰部负荷较大的项目，髌骨软骨病、副舟骨等不宜从事跑跳项目。

2. 加强自我监督

锻炼者必须加强自我监督，学会专项多发病的自我监督方法和内脏器官的机能检查，做到心中有数。

3. 严格实施场地、设备卫生监督

场地、器械和防护用品要定期进行卫生安全检查，对已损坏的场地器械应及时维修，维修前一律禁止使用，禁止穿不合适的服装、鞋进行活动。

（五）加强保护与帮助

锻炼者必须根据项目特点学会自我保护的方法，社会体育指导员也应熟练掌握保护与帮助的技巧，建造一些必要的保护设施。此外，锻炼者还必须学会正确使用各种保护支持带，在大运动量锻炼和比赛中，肌肉、关节有疼痛时，应用保护支持带固定，可减少创伤的发生。

二、运动损伤康复分期和治疗原则

运动损伤康复应遵循科学的逻辑顺序。最初应控制疼痛和水肿，可采取物理治疗、药物、固定等方法。按摩、徒手治疗和针灸可减轻疼痛和促进运动恢复。一旦疼痛减轻，就必须开始关节活动度和柔韧性训练。

（一）急性期运动创伤的康复原则

急性期常见运动创伤包括肌肉等软组织的拉伤、撕裂伤，肌腱或韧带的断裂等。

前文曾提及 RICE 原则，后来人们又提出 PRICE 原则（即 protection，rest，ice，compression，elevation）。近年有学者明确指出，该原则未能体现早期康复介入的重要性，认为 PRICE 应更新为 POLICE 原则：protection（保护）、optimal loading（最适负荷）、ice（冷疗）、compression（加压包扎）和 elevation（抬高患肢）。从 R（制动休息）到 OL（最适负荷）的变化体现的是现代运动康复发展中的早期介入和个性化等最新理念。冷疗的内容也有发展，拓展了传统的冷疗模式，出现了一些新的方法，如全身超低温冷疗技术等。

（二）亚急性或恢复期的康复原则

亚急性或恢复期（3 天至数周）的康复重点是恢复关节和软组织的灵活性、力量、耐力和本体感觉。这些元素是正常活动和运动能力的重要组成部分。经过早期重点控制炎症后，应开始保护性训练。康复侧重点应从缓解临床症状和体征转移到功能恢复。

（三）功能康复阶段

功能康复阶段（几周到几个月）的康复重点包括改善神经肌肉控制，促进专项运动训练和多平面运动训练，纠正可能导致进一步受伤的错误动作。这一时期，运动员要达到返场比赛的标准。物理治疗和药物只在病情有反复时使用。

第三节　常见运动损伤的预防与康复

一、肩关节撞击与肩袖损伤

此类损伤主要表现为肩关节前外侧的疼痛，引起该部位病变的因素十分广泛，包括原发、继发撞击，内撞击，继发撞击和肩袖内部的退化等。其常见于网球、棒球、高尔夫和游泳等运动员。

【发病机制】

发病原因包括创伤、盂肱关节不稳、肩锁关节功能障碍、先天发育畸形及退行性改变等。肩袖损伤以退行性改变、外伤和撞击学说最多。

【预防】

肩袖损伤的预防重点在于矫正肩部的异常姿势，在平时训练过程中注重肩关节周围肌群的肌力、肌耐力、本体感觉，以及柔韧性、稳定性、协调性锻炼。运动前充分热身，肩关节各个方向牵伸，以及护具、粘膏支持带、肌内效贴布的应用。

【诊断】

症状和体征：

（1）急性或慢性重复性外伤史、反复撞击史或累积性劳损史。

（2）肩关节疼痛，夜间疼痛加重，肩关节无力。

（3）病程超过3个月以上，肩关节继发性挛缩，活动范围有不同程度的受限，以外展、外旋和上举受限较明显。

（4）肱骨大结节近侧或肩峰下区压痛，盂肱关节内摩擦音、Tent-test试验阳性、疼痛弧征阳性、Neer征阳性、上臂坠落试验阳性、撞击试验阳性等。

【康复方案】

1. 急性期康复方案

康复目标为减轻肿胀、疼痛，防止再次损伤，维持适当活动。

（1）冷疗：可采用冰袋局部加压包扎，每次间隔1~2 h，每次10~20 min。

（2）贴扎：可采用弹力绷带、粘膏支持带、肌内效贴布支持，便于关节早期活动。

（3）如疼痛不重，可在支持带或肌内效贴布保护下无痛范围活动肩关节，以减少本体感觉损伤，减轻肌萎缩，维持关节活动度。肌肉的主动活动也有利于肿胀消退。如果疼痛减轻，可进入第2期康复。

2. 恢复期康复方案

康复目标为减轻肿胀、疼痛，在肩胛骨平面无痛范围内活动（钟摆训练、肩胛骨后缩训练、中立位亚极量三角肌短力臂等长收缩）。

3. 康复期康复方案

康复目标为增加活动度、肌力和本体感觉。

4. 功能恢复期康复方案

康复目标为恢复正常活动。如有轻度关节不稳定，应予以保护，并继续训练。

5. 后期康复方案

以下训练的要求及内容为肩关节功能大致完全恢复，能承受运动及日常生活的动作。

（1）单侧上肢支撑：肌力恢复到正常的75%左右（和另一侧比较）时才开始，单侧上肢支撑在治疗球上。

（2）特殊技巧训练：等到肌力恢复至90%时才开始。针对运动项目，进行各种特殊技巧训练，如弹力网反弹球、抛实心球、模拟拳击等。

二、网球肘

网球肘（肱骨外上髁炎）是指肱骨外上髁伸肌肌腱起点附近的慢性损伤性炎症。疼痛的产生是由于负责手腕及手指背向伸展的肌肉重复用力而引起的。其常见于网球、乒乓球、击剑等运动员。

【发病机制】

1. 上肢肌力不足

在网球等需要剧烈上肢运动的项目，若手腕伸肌肌力不够强，手腕在反手击球时便会失稳。手腕会被迫前屈而使肌腱承受过大的负荷。如果手腕伸肌柔韧性低，筋膜的负荷便随之增加。一些需要强大握力的重复性手腕活动，也会对肌腱形成很大负荷，肌力不足会增加肌腱磨损。

2. 不正确的技术

最常见的是网球的反手动作，如果球员不能在理想的位置上击球，他便需要额外用臂力而非利用身体动力及重量转移。没有接受正确技术训练的球员若经常不能以球拍中央击球，也会增加肌腱的负荷。

3. 不正确的器材

拍柄太粗或太细、球拍或器材大小重量不适合、拍线的张力不对、网球太重或经湿水沾泥后，同样会加强击球时的负荷。

4. 训练不当及热身不足

训练不当包括：训练计划超出运动员的能力，过度进行运动技术训练而缺乏体能训练，不重视柔韧性训练，过度进行单一技术训练，突然增加训练强度，受伤后太早或剧烈训练等。热身也会导致筋膜承受收缩拉长时的张力增加。

【预防】

网球肘的预防重点在于运动前充分热身，腕关节、肘关节各个方向牵伸，以及护具、粘膏支持带、肌内效贴布的应用。在平时训练过程中注重肘关节周围肌群的肌力、肌耐力的训练，增加柔韧性和灵敏性训练。

【诊断】

症状和体征：

（1）起病缓慢，小球训练史、肘部损伤或反复劳损史，打网球、羽毛球、乒乓球反手痛。肱骨外上髁部位疼痛，向前臂外侧放射，严重者不能持物、拧毛巾。部分患者有患部隆起和压痛。

（2）检查可发现局限性压痛点位于肱骨外上髁、环状韧带或肱桡关节间隙处，常为锐痛。腕伸肌紧张征阳性和（或）牵伸试验阳性。

【康复方案】

1. 急性期康复方案

（1）保护：利用护具、粘膏支持带、肌内效贴等保护预防，避免损伤加重。

（2）休息：避免活动可减轻疼痛。

（3）冷敷：用冰块或冰水冷敷可使局部血管收缩，减轻出血和肿胀，也可减轻疼痛。

可每小时冷敷 20 min，每天 3 或 4 次，使用 3 天，也可使用冷空气治疗仪（冷风机）。

（4）肌内效贴布、粘膏支持带支持下行握拳、腕背伸肌等长收缩训练。

2. 缓解期康复方案

此期应以局部被动治疗为主，以缓解症状，同时予以运动疗法恢复功能。

（1）护具：在前臂使用加压抗力护具，可以限制前臂肌肉产生的力量。

（2）牵伸训练：伸肘、极度屈腕、前臂旋前，与健侧手腕交叉，手指分开与健手指交叉牵伸伸腕肌群。每次 10~20 s，每天数次或数十次。

3. 恢复期康复方案

恢复期患者的肘关节功能基本恢复，主要是针对患者的局部症状继续对症处理，同时指导患者进行运动疗法，恢复日常训练。

三、腰椎间盘突出症

腰椎间盘突出症是指腰椎间盘的纤维环破裂和髓核组织突出，刺激或压迫腰脊神经根、血管等而引起的一系列以腰腿痛、麻木等为主要症状的疾病。在运动创伤中，腰椎间盘突出症约占 10%，直接影响运动成绩，甚至可终结运动生命。

【发病机制】

1. 运动训练

大部分运动员是在进行大力量的负荷训练中受伤，超负荷或在比较疲劳的情况下，动作失控受伤。

2. 专项特点

局部负担过重．长期积累逐步形成。

3. 腰腹部力量薄弱

因运动员腰部和腿部力量不够，蹲的重量太大，造成椎体后突或椎间盘突出。

4. 神经根性疼痛

该机制是近年来腰椎间盘突出症研究的焦点。到目前为止．比较公认的观点有机械刺激学说、炎症刺激学说和自体免疫学说等。

【预防】

腰椎间盘突出症的预防重点在于运动前充分热身，包括慢跑、腰部各个方向牵伸，以及粘膏支持带、肌内效贴布的应用。在训练过程中应避免反复扭腰及腰部旋转，并注重腰部核心肌力训练、神经肌肉控制训练等。

【诊断】

症状和体征：

（1）腰痛、下肢痛：呈典型的腰骶神经根分布区域的疼痛，常表现为下肢痛重于腰痛。

（2）神经障碍体征：按神经分布区域表现为肌萎缩、肌力减弱、感觉异常和反射改变 4 种神经障碍体征中的两种征象。

（3）物理检查：Slump 征、直腿抬高试验、直腿抬高加强试验、仰卧挺腹试验、屈颈试验、股神经牵拉试验等呈阳性。

【康复分期】

（1）急性期：发病时间在 1 周以内，以腰部疼痛明显、腰部活动受限为主要表现。

（2）恢复期：急性期过后，急性症状缓解，腰椎活动度逐渐增加，腰背部疼痛及下肢疼痛、麻木明显缓解，伴发症状逐渐明显，常见有下肢放射痛、发麻，腰背部肌肉、椎旁压痛等。

（3）康复期：各种症状明显减轻，腰部活动度基本正常，日常活动能力明显恢复。

【康复方案】

1. 急性期康复方案

康复目标：提高镇痛效果，制止炎症发展，消除危险。

（1）冷疗：可采用冰袋局部冷敷，每次间隔 1~2 h，每次 10 min。

（2）制动：可采用护腰、粘膏支持带、肌内效贴布支持，便于关节早期活动。

（3）运动疗法：急性期患者主要以制动休息为主，不适宜进行运动疗法。但可以在不加重病情的情况下，进行腰腹肌等长收缩训练。

2. 恢复期康复方案

康复目标为进一步缓解局部症状，增加力量及耐力，预防复发。

（1）制动：如果疼痛减轻，可采取护腰或粘膏支持带、肌内效贴布支持，逐渐开始活动。

（2）腰部活动范围训练：在无病状态下进行腰部背伸和屈曲的全范围运动训练。主要采用肌肉牵伸训练。

3. 康复期康复方案

康复期康复目标：增加肌力及本体感觉．引导运动员恢复训练。

（1）护具；使用护腰和粘膏支持带、肌内效贴布。

（2）核心肌力训练。

①不借助任何器械的单人力量训练：此类训练目的在于使患者深刻体会核心肌群的用力和有效地控制身体。方法主要是侧桥训练、拱桥训练等。同上阶段比较，难度、时间等均应增加。

②运用单一器械进行的力量训练：在这种训练方式中，运用最多的是平衡球、平衡板和瑞士球等不固定的器械。

四、腰背痛

腰背痛是一组症候群，临床表现为单纯腰痛，腰痛并发下肢痛或腰痛、下肢痛和括约肌症状等。运动员腰背痛的主要病因是腰部的筋肉过用，常与脊柱劳损同时存在，临床常见以下发病机制。

【发病机制】

（1）急性腰扭挫伤，迁延日久或久治未愈。伤后治疗不彻底，遗留粘连。劳损造成组织水肿、粘连，肌筋膜产生无菌性炎症。

（2）姿势性静力劳损。由于工作、生活所需，长时间保持一个固定体位工作，腰部某些肌肉过度用力，局部张力增高，破坏肌肉弹性及韧度。

（3）风寒湿等外邪，肌肉疲劳状态下受物理刺激致局部血液循环障碍而发病。

（4）运动员训练不合理。

（5）先天性畸形、变异。脊柱无论静止，还是运动时都要保持其力学平衡关系，任何原因导致脊柱或周围组织损害，超出其代偿范围。力学平衡失调，就会造成劳损性腰痛。

（6）反复负荷。接触性项目中的反复负荷，托举同伴，在生长期负荷过度，突然的肌肉收缩，过度伸展或扭转，如轮滑运动、越野滑雪、划船、长途步行、足球、手球、冰球、摔跤、柔道、空手道、芭蕾舞、体操、投掷等项目。

【预防】

（1）避免过度疲劳：不要在某一特定姿势下训练过久，训练一段时间后可适当进行原地活动，特别是腰背部的活动，以消除腰背肌疲劳。

（2）热身、牵伸：运动训练前应进行15~20 min的慢跑热身、5~10 min的腰部和下肢牵伸，使腰部肌肉充分动员，富于弹性。

（3）积极正确地进行核心肌力训练。

（4）适当使用腰带。

【康复分期】

（1）急性期：发病1周内。

（2）缓解期：发病后1~2周。

（3）恢复期：发病2周后。

【康复方案】

1. 急性期康复方案

（1）镇痛：疼痛甚者若胃肠许可，可口服非甾博体类抗炎药，如双氯芬酸50 mg，每天 2 次；或塞来昔布 5 mg，每天 2 次，以缓解疼痛。

（2）制动：除治疗外，应卧床休息或减少坐位时间，避免固定一个姿势。

2. 缓解期康复方案

（1）仰卧位普拉提斯牵伸训练：患者取仰卧位，下肢伸直（或屈髋、屈膝），带动腰部向一侧旋转，上肢保持平直。保持该姿势 10~20 s 后回到起始位，再反方向右侧完成该动作为一次训练。每天 3 组，每组 10 次。

（2）巴氏球牵伸训练：患者取仰卧位，双上肢外展 90°。位置于体侧，双下肢屈髋、屈膝置于巴氏球上，身体躯干及上肢保持不动，双下肢随巴氏球向体侧运动至最大范围。维持该姿势 10 s 左右回到起始位，再反方向完成该动作为一次训练。每天 3 组，每组 10 次。

3. 恢复期康复方案

恢复期宜增加松解粘连，恢复脊柱功能的锻炼。

五、膝关节半月板损伤

【发病机制】

1. 半月板创伤性撕裂的机制

半月板创伤性撕裂多见于参加体育运动的青年人，篮球、足球、体操、武术、举重和滑雪等是常见的损伤项目。一半以上的半月板创伤性撕裂年轻患者合并有膝前或后交叉韧带损伤。

2. 退变性撕裂的机制

退变性撕裂多发生在两种情况：一是退行性改变的半月板在反复致伤力的作用下发生撕裂，即先退行性改变后撕裂。二是半月板损伤的同时，伴发严重的韧带损伤导致膝关节不稳。如果未得到及时处理，久而久之，损伤的半月板在异常生物力学环境下逐渐发生退行性改变，即先损伤后退行性改变。

【预防】

（1）训练前热身活动一定要充分。

（2）选择合适的运动鞋、运动器械和场地、护具。

（3）掌握正确的运动方法，根据专项特点发展膝关节的肌力、柔韧性和灵活性。

（4）合理安排训练，避免下肢肌肉过度疲劳。

（5）加强膝关节周围肌群的牵伸训练。

【诊断】

1. 症状和体征

（1）有外伤史，伤膝功能受限，伤后关节疼痛者有弹响和交锁现象。

（2）膝关节内外关节间隙压痛及突出。

（3）慢性期股四头肌萎缩，以股四头肌内侧尤为明显。

（4）麦氏征和膝关节研磨试验阳性。

（5）积液诱发试验和（或）浮髌试验阳性。麦氏征、摇摆试验、KS 征阳性、鸭步试验阳性。

【康复分期】

（1）急性期：损伤 7 天以内。

（2）缓解期：损伤 7~14 天。

（3）康复期：损伤 3~5 周

【康复方案】

1. 急性期康复方案

运动疗法主要行等长训练，伤后 1~7 天时行股四头肌、腘绳肌、阔筋膜张肌、股内收肌、臀中肌及足踝部肌群等长训练。方法包括踝泵、压膝、站立位和卧位的 4 个方位（前、后、内收和外展）的直腿抬高训练。

2. 缓解期康复方案

（1）等长训练：继续进行 4 个方位的直腿抬高训练、压膝训练和踝泵训练，20 次/组，每次维持 10 s，5~8 组/天。

（2）此外，还应进行下肢闭链运动训练、本体感觉训练、平衡训练、步态训练等。

3. 康复期康复方案

（1）可采用中医治疗、物理治疗、推拿、电针和热疗等。

（2）水疗：恒温水疗池内行单足站立训练、行走训练、下蹲训练、交叉步训练、前后和侧踢腿训练等，30 min/天。

（3）运动疗法：改良站桩夹球训练，两腿用力夹球，持续时间以大腿肌肉酸软为度，终末伸膝训练，渐进抗阻训练。

（4）平衡训练：单足站立训练同缓解期。患足单足摆动平衡训练：单足站立能维持 2 min 者或闭目单足站立达 20 s 者可增大训练难度，如在厚的软垫、橡胶气垫、BIODEX平衡仪、平衡板、小蹦床，以及抛球训练。

（5）步态训练：同缓解期，距离逐渐增加，100~500 m，3~5 次/天。

（6）本体感觉训练：可采取交叉步、并步、前后进退步、太极步伐进行本体感觉训练。

以上训练每 10 次为 1 个疗程。

六、膝关节前交叉韧带损伤

膝关节前交叉韧带（ACL）断裂的主要原因是运动创伤，约占 70%，常见项目是篮球和足球。此外，在从事柔道、摔跤和田径的专业运动员，以及滑雪、羽毛球、排球爱好者中，这种损伤也比较多见。非运动创伤包括交通、生产及生活意外伤，约占 30%。

【发病机制】

常见的受伤机制包括屈膝外翻伤、外旋伤、过伸伤等。例如，足球运动中与对方球员对脚发生外翻伤，篮球运动中带球过人时支撑腿膝关节急速扭转发生外旋伤，投篮后单腿落地扭伤，滑雪运动中高速下滑时滑板插入积雪，运动员被绊倒发生过伸伤，都容易导致 ACL 损伤。少数的交通事故，如骑电动自行车跌倒或是一些体质弱的人不慎跌倒，也可能导致 ACL 损伤。

【预防】

（1）规范技术动作，培养良好的体育道德，不采用犯规动作。

（2）训练前热身活动一定要充分，加强膝关节周围肌群的牵伸。增加下肢肌力训练和协调性训练。

（3）选择合适的运动鞋、运动器械和场地、护具。保持场地灯光、地面无安全隐患。

（4）掌握正确的运动要领，根据专项特点发展膝关节的肌力、柔韧性和灵活性。

（5）合理安排训练，避免下肢肌肉过度疲劳。防止疲劳训练和比赛。

【诊断】

（1）有膝部急性外伤史，伤后关节可迅速肿痛，出现功能障碍。

（2）急性期膝关节肿胀明显，多能抽出积血。

（3）慢性期患者多主诉日常生活或运动时伤膝关节不稳，打软腿，以下坡或加速变向、减速制动时明显。

（4）特殊检查：前抽屉试验阳性、Lachman 试验阳性、轴移试验阳性。这 3 种检查方法均需要和健侧膝关节对比进行。但在膝交叉韧带急性期，前抽屉试验阳性率较低，Lachman 试验对膝关节前交叉韧带损伤的诊断具有特异性，而轴移试验阳性的前提是膝关节前交叉韧带必定有损伤松弛。

【康复分期】

（1）术前康复期：入院到手术前。术前恢复 ROM 可以减少术后粘连。术前康复教育可为术后训练做好思想准备。

（2）术后第 1 期（第 0~2 周）：此阶段的康复重点是恢复完全被动伸直、渐进性负重、控制术后渗出及股四头肌再训练。

（3）术后第 2 期（第 2~6 周）：将支具调节到 0~50°，以满足平地步行需要的膝关节活动度。在可耐受的范围内逐步增加负重，间断扶拐步行以恢复正常步态。

（4）术后第 3 期（第 6~14 周）：恢复正常关节活动度（ROM），增加下肢肌力和灵活性。

（5）术后第 4 期（第 14~22 周）：全面提高功能。

（6）术后第 5 期（第 22 周以后）：重返运动。

【康复方案】

此处只介绍非手术康复方案。非手术康复方案适宜单纯的前交叉韧带部分断裂者、老年人，或对膝关节运动能力要求不高的前交叉韧带断裂者、完全断裂的急性期患者。

（1）Police 原则：即息肢长腿钢托或膝关节支架保护下，伸直位限制膝关节活动。患肢休息、不负重，不做膝关节屈伸活动。可积极进行上肢、腰腹、髋关节和踝关节运动。局部冷疗，肿胀甚者，可每天多次，如每隔 1~2 h 冷敷 20 min。膝关节加压包扎。卧位，抬高患肢高于心脏。

（2）关节穿刺术：患膝关节肿胀明显、浮髌试验阳性者，穿刺后棉垫包裹加压包扎。

（3）消炎止痛：疼痛严重者，早期服用非甾体抗炎药 3~5 天，如双氯芬酸胶囊和塞来昔布胶囊，以减轻疼痛和水肿，保障康复活动顺利进行。

（4）支持固定：交叉韧带部分断裂者可在敷药后在绷带或护膝保护下将膝关节固定于伸直位，交叉韧带完全断裂或合并半月板、侧副韧带损伤者用铰链支具伸直位固定 4 周左右。恢复期负重或运动时，可用弹力绷带、护膝或肌内效贴布保护。

（5）运动疗法：早期肿痛减轻后即可开始股四头肌、腘绳肌、小腿三头肌、胫骨前肌及髋周肌群的 4 个方位的等长训练，中后期开始膝周肌肉的肌力、肌耐力、柔韧性、灵敏性、平衡能力和膝关节日常生活活动能力训练。

七、踝关节扭伤

踝关节扭伤（擦伤）常发生于足球、篮球、手球、排球等跳跃项目或日常生活中。踝关节扭伤是一种踝关节的旋后、旋前或外旋损伤，可造成外侧距腓前韧带、跟腓韧带、距腓后韧带、内侧的三角韧带及胫腓下前韧带扭伤、部分断裂和完全断裂。

【发病机制】

1. 踝关节的旋后损伤

踝内旋（胫骨外旋）、跟距舟关节内翻及前足内收联合动作致伤。当足跖屈再旋后时距腓前韧带最易受伤，力量再大则跟腓韧带可相继受伤。距腓前韧带和距腓后韧带只跨越一个关节，即踝关节，而跟腓韧带则跨越踝关节和跟距关节，当跟腓韧带断裂，外力继续加大时，还可伤及跟距关节的骨间韧带。由于足旋后是联合动作，因此外踝韧带损伤时还经常产生联合损伤，如伸趾短肌损伤、跟距前韧带损伤、三角韧带损伤、副舟骨损伤、第五跖骨基底部骨折、距后三角骨损伤和距骨关节面切线骨折。

2. 踝关节的旋前损伤

踝关节内侧三角韧带包括舟胫部、跟胫部和距胫后部，当踝外旋和足外展外翻时可导致损伤。

3. 外旋损伤

足固定而小腿内旋致伤，造成胫腓下韧带（联合）损伤。

【预防】

踝关节韧带损伤的预防重点在于运动前充分热身，踝关节向各个方向伸展，以及护具、粘膏支持带、肌内效贴布的应用。在平时训练过程中，注重踝关节周围肌群的肌力、肌耐力、本体感觉的训练，增加柔韧性和灵敏性训练。

【诊断】

症状和体征：

（1）外踝或内踝相应部位肿胀患者可出现外翻或内翻畸形、跛行。

（2）有明显的压痛点。在检查压痛点时应特别注意联合损伤的检查。通常的检查的顺序为踝外侧的 3 个韧带、跗骨窦、跟骰韧带、跖骰韧带、距后三角骨、副舟骨、胫距前韧带、胫腓下联合和第五跖骨基底部。通常触诊的标志是先找跟距关节外侧的凹陷（即跗骨窦），该韧带损伤则有压痛；窦外上缘与外踝尖的连接线即距腓前韧带；伸趾短肌起自跟骨前突，损伤后产生的血肿犹如半个乒乓球大小，其下即跟骰关节；第五跖骨基底部为腓骨短肌的止点，其上方为跖骰关节；副舟骨较为突出，为胫骨后肌止点。这些主要标志找到后，便容易诊断韧带损伤。

（3）被动将足旋后或旋前出现损伤相应部位的疼痛。

【康复方案】

1. 急性期康复方案

康复目标为减轻肿胀、疼痛，防止再次损伤，维持适当的负重状态。

（1）冷疗：可采用冰袋局部加压包扎，1~2 h 进行 1 次，每次 10~20 min。

（2）贴扎：可采用弹力绷带、粘膏支持带、肌内效贴布支持，便于关节早期活动。

（3）如果损伤为 2 度损伤且疼痛不重，可在支持带保护下部分负重行走。1 度损伤应鼓励患者早期负重行走。这样可减少本体感觉损伤，减轻肌萎缩。肌肉的主动活动也有利于肿胀消退。如果疼痛较重，则需拄拐行走。如果疼痛减轻，可进入恢复期康复。

2. 恢复期康复方案

康复目标为减轻肿胀、疼痛，在无痛范围内活动．开始肌肉牵拉训练、非负重本体感觉训练，应采取适当保护。

（1）负重：如果疼痛和肿胀减轻，可采取弹力绷带或粘膏支持带、肌内效贴布支持，逐渐开始负重行走。

（2）关节活动范围训练：在无痛状态下被动背伸和跖屈活动。可从一个平面开始，如背伸、跖屈，以后逐渐过渡到多个平面（内、外翻除外），跟腱牵伸。

（3）肌力训练：胫骨前肌抗阻等长训练、足趾推抓毛巾训练、足趾夹取弹珠训练，每天 10~20 min。

（4）本体感觉训练：足踝画字母训练（a-z）。根据局部肿痛情况，安排 3~5 遍。坐位平衡板双足训练，逐渐过渡到单足。

（5）冷疗：训练结束后加强冰敷，15~20 min。

3. 康复期康复方案

康复目标为增加活动度、肌力、本体感觉、日常活动，直到可以全负重。

（1）护具。

①使用护具和弹力绷带：可起到压缩作用并保护关节。加压也有利于水肿的消散。另外，护具的使用有助于本体感觉的恢复，尤其适合在功能训练时使用。

②肌内效贴布：可促使皮肤的血液和淋巴液回流，有治疗肌肉疼痛的效用，可在功能训练时使用。

（2）肌力训练。

①踝部抗阻训练：背伸、跖屈，内、外翻，等长或阻力带等张训练，每个方向 5 min。

②步伐训练：前后行走、左右并步、交叉步行走训练。

③腓肠肌的牵拉训练：患者取坐位，两腿伸直，两手握毛巾两端，毛巾中间套于患侧足底，两手用力拉毛巾，帮助患侧背伸。

④提踵训练：可由三体式站桩开始，逐渐过渡为单足或双足提踵，增加小腿后肌群肌力。

⑤摇板或气垫训练：增加足踝神经肌肉控制能力。

⑥臀中肌肌力训练：足踝扭伤制动后常会导致臀中肌无力。增加臀中肌肌力，可用侧摆腿或负重侧摆腿训练。

⑦等速运动训练：先进行测评，然后采用 80%强度开始训练。每组 20 次，每天 2 或 3 组，每周 3 次。先进行踝关节屈伸训练，逐步过渡到内外翻训练。

（3）平衡训练：开始静态平衡训练，逐渐过渡到动态平衡训练。

（4）本体感觉训练：单足站立，摆腿站立，平衡板训练，气垫站位过渡到抛球训练，平衡仪训练，弹力蹦床训练。

4. 功能恢复期康复方案

康复目标为恢复正常活动，如有轻度关节不稳定，应予以保护，并继续训练。

（1）减重跑台训练慢跑：根据局部反应决定减重重量、时间，有条件者可进行水下行走训练。

（2）训练行走和足尖站立（单足或双足）：若感觉不适或疼痛发热，可冰敷。

（3）腓肠肌牵拉训练：患者取坐位，两腿伸直，两手握毛巾两端，毛巾中间套于患侧足底，两手用力拉毛巾，帮助患侧背伸。

（4）平衡摇板训练：提升足踝肌肉控制能力，再锻炼。

（5）上下台阶训练：先进行上台阶训练，台阶高度由 10 cm 逐渐加高到 20 cm，以后逐渐增加下台阶、侧上和侧下训练。

5. 后期康复方案

以下训练的要求及内容为踝关节功能大致完全恢复，能承受运动及日常生活后进行的动作。

（1）跑步：肌力恢复到正常的 75%左右（和另一侧比较）时才开始。由慢跑开始，逐渐增快，最后达到短跑冲刺。

（2）回转：等到一般的活动完全不痛时才开始。先做大回转，以 20 m 的距离做“8”字跑，或做转弯 45°式的绕圈跑步，速度由慢而快。一段时间后，再做小回转，以 10 m 的距离做“8”字跑，做转弯 90°式的绕圈跑步，速度由慢而快。

（3）特殊技巧训练：等到肌力恢复 90%时才开始。针对运动项目，进行各种特殊技巧训练，如弹跳、折返、交叉和并步训练。

思考题：

1. 运动损伤的预防原则是什么？
2. 运动损伤早期如何处理？
3. 试论述膝关节前交叉韧带损伤的康复方法。
4. 试论述踝关节扭伤的康复方法。

CHAPTER 9 第九章

能量恢复与再生

本章提要： 恢复是运动员通过适当的身体活动和适宜的补给，帮助其在生理、心理上解决大量训练和比赛所导致的身体和心理疲劳问题，帮助机体恢复。再生是通过有目的、有计划的训练，帮助运动员从沉重的训练中恢复过来。

第一节　肌肉放松

本节主要介绍针对深层肌肉的运动后静态拉伸，以及针对身体上肢、下肢、躯干等深层和浅层肌肉所使用的按摩放松手段，按照由下自上的顺序进行，以帮助运动员训练或比赛之后的机体恢复，提高机体代谢与再生能力。

拉伸的类型在广义上可分为主动、被动或辅助拉伸。更细化的分类是根据动作特征，可分为弹性拉伸、动态拉伸和静态拉伸。

一、拉伸训练的好处

通过执行定期的拉伸训练计划，可获得多种长期训练的效果。

（1）改善柔韧性、活力（肌内的力）和肌肉力量（获益程度取决于在肌内上施加多大压力）。

（2）减少肌肉疼痛。

（3）改善肌肉和关节的灵活性。

（4）促使肌肉运动更高效，更具流畅性。

（5）能通过更大的运动范围发挥最大力量。

（6）预防一些下肢问题。

（7）改善外貌和自我形象。

（8）改善体形和身姿。

（9）在运动中执行更有效的热身和舒缓运动。

（10）改善血糖的保持能力。

二、静态拉伸

静态拉伸指需要拉伸的肌肉缓慢拉长（抑制牵张反射的激发），并保持在一个舒服的范围 15~30 s。当拉伸保持在某一位置一段时间后，肌肉被拉伸的感觉减小，拉伸者可轻柔地将肢体移向更大的拉伸位置并保持住。静态拉伸既可以是主动的，也可以是被动的。运动后静态拉伸能减少肌肉的紧张反应。从肌电图中可以看出，拉伸能有效减少肌肉紧张的肌电讯号，减轻肌肉的疼痛感。另外，拉伸能加快微循环，从而减轻肌肉纤维间肿胀，有效缓解肌肉的延迟性酸痛。最后，拉伸能减少局部疼痛神经讯号的产生和传递，是减少肌肉疼痛感的原因之一。

（一）主动静态拉伸

主动静态拉伸是利用自身力量或体重将肌肉顺着肌纤维的走向拉长并保持一定的牵拉力。由于自己控制拉力的大小和位置，因此这种方法相对来说是安全的。当肌肉拉伸到一定的紧张度时，维持 15~30 s，重复 2~3 次，通过肌肉的长度增加来增加关节的运动幅度。拉伸重点在于从动作的开始到完成要缓慢，不要令肌肉感到痛楚，并配合正常呼吸。为了增加其效果，可以在呼气时进一步把肌肉拉长。主动静态拉伸时，肢体的运动幅度小、速度慢，甚至不动，不易激发肌肉的牵张反射，从而引起肌肉收缩对抗拉伸。当拉伸时间和力得到一定积累时，就会激活高尔基器使肌肉放松。主动静态拉伸不受场地限制，不需要人协助，也不需要设备，而且相对简单、易操作。有关最佳的拉伸时间，有些文献建议拉伸可长于 30 s，甚至到 60 s，重复次数高达每个动作 6 次；有的研究则建议 10~15 s 重复 2~3 次便足够。这些时间的长短还取决于不同人、不同肌群、不同需要和允许的时间。如果运动后的全身拉伸超过 30 min，对大多数人来说是不现实的。实践证明，15~30 s，重复 2~3 次，耗时 20 min 左右比较容易被大多数人接受。

（二）被动静态拉伸

被动静态拉伸是被拉伸者的肢体放松不参与发力，通常由体能教练或康复治疗师移动拉伸对象的肢体，直至达到可忍受的关节活动幅度极限为止，并保持这一姿势不动。拉伸时间为 15~30 s，重复 2~3 次。被动静态拉伸的好处是使被拉肌肉有更佳的放松效果，可以获得更大的关节活动度。有经验的体能教练或康复治疗师可以非常准确和细致地拉伸到不同的肌纤维。

三、按摩

按摩是通过手法或器械作用于人体体表的特定部位以调节机体生理、病理状况，达到理疗目的。运动后按摩所采用的手法、用力的大小、时间的长短，均应根据对象的体质、性别、运动项目的特点，以及运动后反应的情况决定。

（一）泡沫轴

泡沫轴自我按摩利用练习者自身重量及与泡沫轴相互作用产生的压力，施用于肌肉及筋膜等软组织上，使练习者过于紧张的肌肉及筋膜产生放松的训练方式，同时增加血液的流动和软组织循环。

（二）按摩棒

按摩棒可用于肌筋膜放松、深层组织按摩。脊状线的设计，有利于表层和深层组织的活动，按摩棒的把手有助于扳机点的放松。采用主动或被动按摩的方式有助于改善特定区域的血液流量与循环功能，同时也有助于通过抑制疼痛传导通路，提升肌肉温度，增强肌肉延展性。

（三）按摩球

按摩球一般采用 PVC 材料制作而成，也可用网球或高尔夫球代替。按摩球练习能减少肌肉紧张，提高骨盆、大腿、小腿及特定关节的柔韧性。正确使用按摩球可以有效进行自我按摩练习或肌肉放松，提高运动按摩的效果。

四、下肢肌肉放松

（一）足底放松

动作要求：屈膝，双手握住需放松的脚，用大拇指反复用力挤压按摩足底方肌。按压时注意用力和松弛相结合。可成站姿或坐姿，将网球置于足底方肌扳机点处，滚动踩压网球（图 9–1–1）。此方法可以刺激足部神经，放松足底的筋膜和促进足底的血液循环。

图 9–1–1　足底放松

（二）腓肠肌和比目鱼肌静态拉伸

动作要求：面对支撑物站立，双手支撑，左腿与支撑物保持适当距离并使前腿和手形成稳定的姿势，左腿屈膝半蹲，右腿向后蹬直，脚后跟着地并坚持 5～10 s（图 9–1–2），如此反复 3～5 次。左右腿交替进行。此方法主要用于拉伸腓肠肌和比目鱼肌。

图 9–1–2　腓肠肌和比目鱼肌静态拉伸

（三）小腿后肌群放松

图 9-1-3　小腿后肌群放松

动作要求：长腿坐位，双手和左腿支撑于地面上，泡沫轴放在右腿小腿下方，通过左腿的前后推动带动右小腿在泡沫轴上前后移动（图 9-1-3）。此方法可以放松右侧小腿腓肠肌、比目鱼肌的筋膜，并促进小腿肌肉的血液回流。

（四）大腿股四头肌静态拉伸

图 9-1-4　大腿股四头肌静态拉伸

动作要求：左脚站立，左手扶支撑物，保持平衡。屈右膝，右手牵拉脚，略弯曲支撑腿（左腿），并向后牵拉右脚脚踝，贴近臀髋处，同时向前顶髋，重复几次后换腿练习（图 9-1-4）。

（五）大腿股四头肌放松

图 9-1-5　大腿股四头肌放松

动作要求：将泡沫轴置于双腿股四头肌下端，肘关节支撑于地面，通过肘关节屈伸推动使股四头肌在泡沫轴上来回移动(图 9-1-5)。此方法可以放松股四头肌的筋膜，促进大腿前肌群的静脉血液回流，并能够刺激腹股沟淋巴液的回流。

（六）内收肌群放松

图 9-1-6　内收肌群放松

动作要求：右腿屈膝外展坐于垫上，双手持按摩棒，对肌肉的僵硬部位及有肌肉结节的部位进行擀碾（图 9-1-6）。此方法可以缓解僵硬部位肌肉，对形成结节的肌肉起到有效的缓解作用，同时也对促进腹股沟处的淋巴液回流具有一定效果。

（七）股后肌群放松

图 9-1-7　股后肌群放松

动作要求：双手撑地，坐于泡沫轴上，将身体重量集中在股二头肌上，来回滚动泡沫轴（图 9-1-7）。此方法可以促进大腿后肌群筋膜放松和血液回流。

（八）大腿外侧肌肉放松

动作要求：左肘撑地，右腿屈膝绕至左腿前侧，左腿、躯干呈一条直线，挺髋夹臀，并将身体重量置于左腿外侧，通过左肘与右腿的屈伸配合使泡沫轴在左腿外侧来回滚动（图 9–1–8）。此方法可以促进髂胫束、臀中肌及阔筋膜张肌的筋膜放松，还可以促进血液回流。

图 9–1–8　大腿外侧肌肉放松

（九）臀大肌静态拉伸

动作要求：右腿屈腿在前，平放在地面上，左腿向后伸直，保持膝盖和脚面完全朝向地面，身体与腿呈一条直线，重心略向右腿外侧倾斜，保持数秒钟之后换腿（图 9–1–9）。此方法可有效拉伸臀大肌肌肉。

图 9–1–9　臀大肌静态拉伸

（十）臀大肌放松

动作要求：右腿和双手撑地，左腿小腿放在右膝盖上，左侧臀部放在泡沫轴上，身体左倾，将重心放在左臀部，通过双手和右腿来回拉动使臀大肌在泡沫轴上滚动（图 9–1–10）。此方法可以放松臀大肌的筋膜并促进血液回流。

图 9–1–10　臀大肌放松

五、躯干肌肉放松

（一）上背伸肌群静态拉伸

动作要求：两脚开立与臀同宽，直腿站立并与支撑物保持一定距离，双手与肩同宽放在支撑物上，身体直体前倾，用力下压肩部（图 9–1–11）。此动作可以拉伸上背伸肌群和胸大肌。

图 9–1–11　上背伸肌群静态拉伸

（二）上背屈肌群静态拉伸

动作要求：呈站姿，双手相对，交叉抱紧，发力时，双臂向内夹臂，双手向前伸，同时背部肩胛骨向后用力顶出（图 9–1–12）。

图 9–1–12　上背屈肌群静态拉伸

（三）下背伸肌群静态拉伸

动作要求：双腿并拢，俯身朝向地面，双手撑起上身，抬头挺胸。拉伸时注意深吸、深呼，深吸气时可以牵拉背部的伸肌群，拉伸时不要憋气（图 9–1–13）。

图 9-1-13　下背伸肌群静态拉伸

(四) 下背屈肌群静态拉伸

图 9-1-14　下背屈肌群静态拉伸

动作要求：仰卧在平地上，背部完全贴住地面，屈腿、屈髋，双手抱膝，大腿靠近胸前，保持静止姿势并维持数秒钟（图 9-1-14）。

(五) 背阔肌、斜方肌和竖脊肌放松

图 9-1-15　背阔肌、斜方肌和竖脊肌放松

动作要求：直体平躺在垫子上，屈腿，双手胸前交叉，将泡沫轴横向放在腰背部，臀部离开地面，通过膝关节屈伸使泡沫轴在背部来回滚动（图 9-1-15）。此动作不仅可以促进背阔肌、斜方肌和竖脊肌的筋膜放松，还可促进背部肌筋膜的静脉血液回流。

(六) 肋间静脉及淋巴回流

图 9-1-16　肋间静脉及淋巴回流

动作要求：侧躺在横向放着的泡沫轴上，右腿屈膝置于体前，左腿贴地并伸直，重心放在泡沫轴上，髋关节离开地面，通过右脚蹬地使左侧身体在泡沫轴上来回拉动（图 9-1-16）。此动作不仅可以促进腹外斜肌、前锯肌的筋膜放松，还可促进身体左侧的静脉回流和腋下淋巴液回流。

(七) 颈部放松

动作要求：坐姿，向左下方低头，同伴手持按摩棒顺着肌肉的走向来回碾压颈部肌肉（图 9-1-17）。此动作对缓解颈部肌肉和斜方肌的僵硬，以及肌肉结节非常有效。

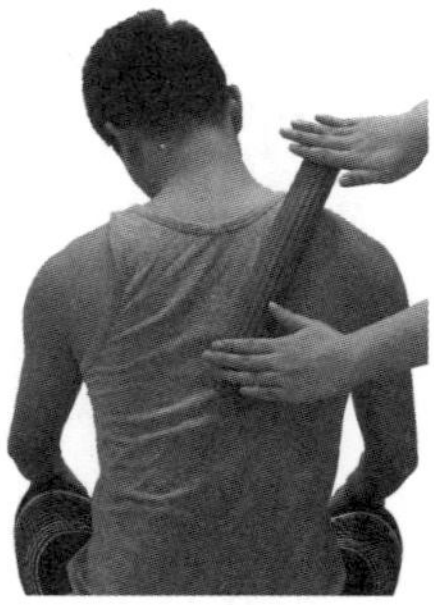

图 9-1-17　颈部放松

六、上肢肌肉放松

（一）肱三头肌静态拉伸

动作要求：右臂抬起，置于脑后，前臂下垂，左手拉住右肘的肘关节处，向左侧拉，同时保持抬头挺胸（图 9-1-18）。此动作可以拉伸肱三头肌。

图 9-1-18 肱三头肌静态拉伸

（二）肱桡肌和前臂伸肌放松

动作要求：双膝跪地，右臂放在泡沫轴上，保持手掌向上，将上体重量集中在前臂上，并来回滚动泡沫轴（图 9-1-19）。此方法可以放松前臂肌群的筋膜。

图 9-1-19 肱桡肌和前臂伸肌放松

第二节 扳机点按摩

运动员身体肌肉扳机点与淋巴系统的按摩是进行恢复与再生的重要内容之一。本节按照从下到上的顺序，重点介绍足底方肌、比目鱼肌、腓肠肌、胫骨前肌、胫骨后肌、股二头肌、股直肌、股外侧肌、股内侧肌、臀大肌、斜方肌、背阔肌、三角肌、胸大肌等不同部位的肌肉扳机点位置及其相应的按摩方法。另外，还简单介绍了身体内淋巴系统的位置及其按摩拍打方法。

一、扳机点按摩

（一）扳机点概论

扳机点也称激痛点或触发点，是肌肉组织内可被触知的高度敏感的纤维结节。它是指过度敏感的局部区域，该区域对压力异常敏感，并且会转移症状到身体其他部位。一般认为，具有自发性压痛或对运动有反应性压痛的局限性病灶是活动性扳机点。目前研究表明，75%的疼痛都是肌肉疼痛，几乎所有的疼痛都和触发点有关。

（二）扳机点的诊断

触发点诊断常依赖病理生理学的诊断标准。触发点的诊断常根据下列标准病史：①突然发作的肌肉过用或跟随肌肉过用发作的一个短暂时期后的疼痛，反复和慢性过用受累肌肉而引起的肌痛。②肌肉疼痛点和痛点处可触及张力带及其上的收缩性结节。③压力和针刺触发点可引发疼痛和牵涉痛。每个肌的痛点（触发点）伴有其特征性的远处牵涉痛。④快速触诊和针刺触发点可引发局部抽搐反应。⑤肌电图上可显示触发点处的自发性电位和运动终板神经末梢的去极化的电波。⑥受累肌肉的运动和牵张范围受限及肌力稍变弱，睡眠不足时加重。

二、扳机点治疗技术

（一）针刺技术

针刺包括针灸、针刺或空针、麻醉注射、生理盐水注射，该技术可以增加疼痛耐受阈值。

（二）扳机点按压技术

用于降低扳机点疼痛阈值。通常在患者可耐受的压力情况下，按压扳机点 15~20 s，待疼痛感消失 15~60 s 后继续按压，增加到下一个疼痛耐受阈值，反复如此，直至扳机点疼痛感消失。

（三）按摩周围肌肉组织

可以减少肌肉局部的紧绷感。建议确定扳机点位置后，沿整个肌束以恒定速度按摩肌肉。

（四）冷喷雾后拉伸肌肉技术

冷喷雾后拉伸肌肉技术，建议将它作为针刺或缺血性按压的后续治疗。治疗方法为，先用冷雾喷至受累肌肉的体表，仅引起皮肤刺激的强度即可，无须过分寒冷，起到反射性张力或痉挛的作用。要求喷雾的速度在 10 cm/s 之内，覆盖整个受累肌肉，喷雾与肌肉表面呈 30°角，距离为 30 cm 为宜。肢体从近端喷向远端，躯干从头部喷向足底。在冷喷 2~3 次后，对肌肉进行被动拉伸，注意肌张力的变化，缓慢牵拉至最大长度。同时在整个牵拉过程，可以进行冷喷，以缓解肌肉张力增高。被动牵拉要求在患者承受的范围内缓慢进行。

（五）主动训练

在以上所有治疗技术后，建议进行主动训练。

（六）PNF 技术

1. 收缩—放松技术

收缩—放松技术适应于治疗被动活动范围明显受到限制，而在紧绷肌肉的拮抗肌上没有主动的活动时（对紧绷肌肉的放松，可以使关节活动范围增大，进而得到改善），它可对紧绷的肌肉做温和的、随意的、最小抗阻收缩。

2. 等长收缩—放松技术

治疗师牵拉受累肌肉至紧张限度，然后施加一定阻力并要求患者收缩肌肉进行抵抗。治疗师施加最大阻力的25%，维持3~7 s，然后放松肌肉。再进一步拉伸肌肉达到新的紧张限度，重复上述动作。全程注意呼吸的配合。建议活动度改善之后进行主动训练。

3. 交互—抑制放松技术

交互—抑制放松技术是利用不随意的脊髓水平反射，当一块肌肉受到激活时，其拮抗的肌肉就受到反射性抑制。当需要牵拉的肌肉激痛点去活化后，应使用交互抑制来增加强化松弛的肌肉。

（七）扳机点按压放松术

在扳机点处逐渐施加无痛的压力，直到有组织抵抗感的屏障，然后保持该强度压力继续施压，直至抵抗感减少并消失。然后继续增加压力，到达另一屏障。这种方法可以减轻扳机点的张力压痛。治疗结束后用局部温湿方式增加肌肉血液循环。

（八）呼吸训练

与压力、肌肉或呼吸系统创伤有关的浅呼吸会直接影响肌筋膜。单纯地放松腹部肌肉，扩大胸腔的胸式呼吸，是一种错误的呼吸方式。很多患者试图在运动或治疗过程中屏住呼吸，也是一种不健康的习惯。

呼吸训练方法包括以下几个方面。

（1）患者坐位或站立位，身体自然放松，从脊柱、肩部和胸廓的骨与肌肉及其他附属组织放松，腹部下沉。然后胸廓、腹腔和胃部放松，臀部和小腹放松。

（2）然后缓慢呼吸，使胃部和腹部肌肉随呼吸节奏而扩张。保持这样的呼吸节奏一段时间，然后在呼气时尽量降低下位胸腔。当感觉到腹腔和（或）胸腔肌肉收缩感时，则放松该区域肌肉。一旦发现肩部或胸部伴随呼吸起伏，则让患者集中思想，感觉腹部集中一点缓慢下降到底部。

（3）深深吸气，使胸腔肌肉放松。当胸部肌肉放松时，会向腹腔的前方、后方和左右两侧扩大，身体放松。整个过程就像一个容器，先填充下部，然后继续填充上部。

（4）接着呼气，先排空上部气体，然后再排空下部气体。身体就像气球一样缩小，按照前部、后部、左右两侧这样的顺序缩小。

（5）放松地持续地充分呼吸，需要时刻注意肩部和胸部是否伴随起伏，腹部肌肉可能会紧张，提醒患者放松。

（6）让患者站在镜子前反复练习，注意胸腔不要起伏，而是腹部起伏。
（7）反复练习。

（九）理疗

1. 超声波治疗

从 0.5 W/cm^{2}开始，缓慢地伴随圆形运动，1~2 s 为一圈，圆形的中心点为扳机点。也可采用另一种方法，先调节到疼痛阈值（阈值约为 1.5 W/cm^2），然后下降至一半的强度，治疗 2~3 min，再逐渐增加强度，直到强度达到而未超过原先的疼痛阈值。

2. 高压电直流电刺激

该形式的电刺激对直径大的运动神经更为有效。

3. 经皮电刺激

用于缓解疼痛，该方法更易刺激直径小的运动神经。

三、不同部位扳机点位置及按摩

运动员身体肌肉扳机点与淋巴系统的按摩是进行恢复与再生的重要内容之一。扳机点主要存在于紧张或过度使用的肌肉上，可增加细胞的新陈代谢、减少肌组织的血液循环。扳机点可以遍布全身各个肌肉，如胸锁乳突肌、斜方肌上束、肩胛提肌和臀小肌等。根据不同肌纤维的方向，不同部位的肌肉有不同的牵张法，治疗后让患者在家中做医师所教的受累肌肉的牵张锻炼。

（一）脚底扳机点位置与按摩

1. 足底方肌

（1）扳机点位置：足底方肌。

（2）自我按摩方法及要点：自然坐姿屈膝，双手握住脚，大拇指反复用力挤压按摩足底方肌的扳机点。注意用力和松弛相结合进行按压。可以采用足底拉伸的辅助方法。采用坐姿把脚放于另一条腿上，右手握左脚跟，左手抠住脚趾跟，用力向上扳脚趾（图 9-2-1），注意保持用力和松弛相结合。

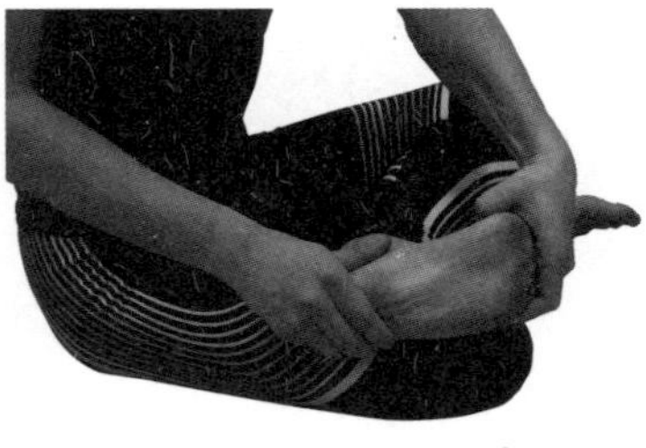

图 9-2-1　足底方肌扳机点

2. 拇展肌

（1）扳机点位置：拇展肌。

（2）自我按摩方法及要点：方法同足底方肌。

（二）小腿扳机点位置与按摩

1. 比目鱼肌

（1）扳机点位置：比目鱼肌。

（2）自我按摩方法及要点：采取坐姿，将小腿置于按摩球上，来回滚动进行按摩，后背可以依靠固定物体（图 9-2-2）。注意用力和松弛相结合进行按压。

图 9-2-2　比目鱼肌扳机点

2. 腓肠肌

（1）扳机点位置：腓肠肌。

（2）自我按摩方法及要点：采取自然坐姿屈膝，双手手指或大拇指用力挤压按摩扳机点。注意手指用力和松弛相结合按压揉，一张一弛交替进行，用力大小以自己能承受的酸疼为宜（图 9-2-3A）。

也可以腿伸直坐或躺于垫上，将网球置于腓肠肌扳机点处，利用手臂的力量来回运动挤压（图 9-2-3B），借助深度按摩球来进行器械辅助按摩。还可以进行腓肠肌拉伸辅助恢复练习：手扶支撑物，足底平放于地面呈弓步站立，后脚内扣，使小腿肌肉有拉伸感，后腿的膝关节一定要绷直（图 9-2-3C）。

（A）指压按摩　**（B）网球按摩**　**（C）拉伸辅助恢复**

图 9-2-3　腓肠肌扳机点

3. 胫骨前肌

（1）扳机点位置：胫骨前肌。

（2）自我按摩的方法及要点：用双手手指或网球按摩挤压胫骨前肌的扳机点，还可以握空拳轻轻地叩击（图 9-2-4）。

图 9-2-4 胫骨前肌扳机点

4. 胫骨后肌

（1）扳机点位置：胫骨后肌。

（2）自我按摩方法及要点：腿伸直坐或躺于垫上，将网球置于胫骨后肌扳机点处，利用腿部重力在网球上来回运动挤压，还可以适当用力下压以增加按摩力度，用力大小以自己能承受的酸痛为宜（图 9-2-5）。

图 9-2-5 胫骨后肌扳机点

（三）大腿扳机点位置与按摩

1. 股二头肌

（1）扳机点位置：股二头肌。

（2）自我按摩方法及要点：小腿弯曲坐在硬椅子上或小腿伸直坐于垫上，将网球置于股二头肌扳机点处，利用腿部重力在网球上来回运动挤压，力度大小以自己能承受的酸痛为宜（图 9-2-6）。

图 9-2-6 股二头肌扳机点

2. 股直肌

（1）扳机点位置：股直肌。

（2）自我按摩方法及要点：①站着或坐着的时候可以把两手拇指并起来按摩股直

肌扳机点处肌肉(图 9–2–7A)。②坐姿屈膝，弯曲前用肘关节对同侧股直肌扳机点进行旋转挤压按揉（图 9–2–7B)。③肘撑于地面，身体呈一条直线，用网球按摩挤压股直肌扳机点处（图 9–2–7C)。

（A）指压按摩　（B）肘压按摩　（C）网球按摩

图 9–2–7　股直肌扳机点

3. 股外侧肌

（1）扳机点位置：股外侧肌。

（2）自我按摩方法及要点：①坐姿自然屈膝，靠近膝部股外侧肌的扳机点可以用大拇指进行按揉挤压，或者用拳轻轻叩击。②侧卧于垫上，把一个网球放在大腿股外侧肌的下方，来回运动挤压按摩股外侧肌的扳机点（图 9–2–8A)。③将泡沫轴放在大腿股外侧肌下方，来回运动挤压按摩股外侧肌的扳机点（图 9–2–8B)。

（A）指压按摩　（B）肘压按摩

图 9–2–8　股外侧肌扳机点

4. 股内侧肌

（1）扳机点位置：股内侧肌。

（2）自我按摩位置及要点：①坐姿，双手用大拇指按摩挤压股内侧肌的扳机点(图 9–2–9A)。②坐在垫上，用同侧肘关节环绕挤压按摩股内侧肌的扳机点(图 9–2–9B)。

（A）指压按摩　　（B）肘压按摩

图 9-2-9　股内侧肌扳机点

（四）臀部和腰部扳机点位置与按摩

1. 臀大肌

（1）扳机点位置：臀大肌。

（2）自我按摩方法及要点：①坐在垫上，把网球压在臀大肌下方，同时保持屈膝姿势，用网球来回滚动对臀大肌进行挤压按摩（图 9-2-10A）。②用泡沫轴来进行挤压按摩，同样会起到较好的效果。按压时，一定注意缓慢、用力、有弹性地按摩扳机点，用力和松弛相结合，这样做要比静态挤压效果好得多（图 9-2-10B）。

（A）网球按摩　　（B）泡沫轴按摩

图 9-2-10　臀大肌扳机点

2. 臀中肌

（1）扳机点位置：臀中肌。

（2）自我按摩方法及要点：把身体重心放在一条腿上，在髋骨翼下方收缩的肌肉就是臀中肌。自我按摩方法及要点同臀大肌。

3. 臀小肌

（1）扳机点位置：臀小肌。

（2）自我按摩方法及要点：站立时，当把身体的重心从一侧肢体转到另一侧肢体，可以感觉到在股骨大转子上部和后方收缩的臀小肌。自我按摩方法及要点同臀大肌，注意按摩部位的不同。

（五）肩背胸部扳机点位置与按摩

1. 斜方肌

（1）扳机点位置：斜方肌。

（2）自我按摩方法及要点：①用食指、中指和无名指按揉挤压斜方肌靠近颈部的扳机点。②将棒球或网球放于肩部下方，按摩斜方肌下半部分的扳机点，按压和松动斜方肌（图 9-2-11A）。③用泡沫轴按摩斜方肌的两个扳机点。这样既容易控制泡沫轴，又可以产生较大的按摩压力（图 9-2-11B）。

（A）网球按摩　　（B）泡沫轴按摩

图 9-2-11　斜方肌扳机点

2. 背阔肌

（1）扳机点位置：背阔肌。

（2）自我按摩方法及要点：用异侧手按摩捏揉背阔肌的扳机点，左右手轮换捏揉。用力大小以自己能承受的酸痛为宜（图 9-2-12）。

图 9-2-12　背阔肌扳机点

3. 三角肌

（1）扳机点位置：三角肌。

（2）自我按摩方法及要点：①用手指循环往复按揉挤压三角肌 3 个不同部位的扳机点（图 9-2-13A）。②由于用手按摩特别容易引起手部疲劳，所以可以斜靠在墙上并用网球在三角肌上自上而下地滚动，然后循环往复地滚过三角肌的每一个扳机点（图 9-2-13B）。

（A）手压按摩　　（B）网球按摩

图 9-2-13　三角肌扳机点

4. 胸大肌

（1）扳机点位置：胸大肌。

（2）自我按摩方法及要点：①用掌根或手指按摩挤压胸大肌的扳机点，使用短、慢、反复的手法来回推抚挤压按摩。（图 9-2-14A）。②可以用手指和大拇指捏揉挤压按摩胸大肌外侧的扳机点（图 9-2-14B）。③可以将网球放于胸大肌的位置进行旋转按摩（图 9-2-14C）。

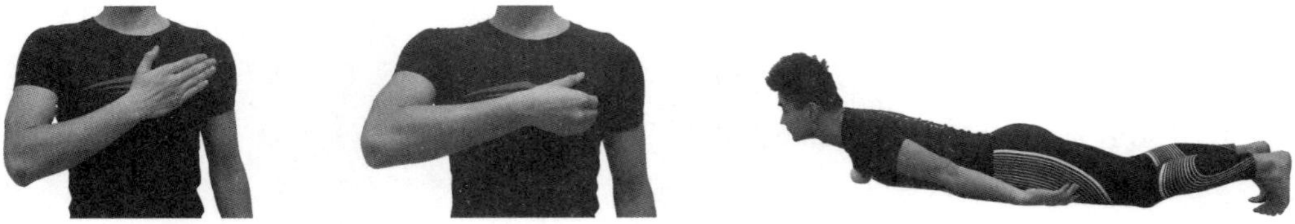

（A）手指按摩　（B）手指和大拇指按摩、捏揉、挤压　　（C）网球按摩

图 9-2-14　胸大肌侧扳机点

第三节　水疗法

水疗自诞生发展至今，不仅在医疗康复、美容等领域广泛应用，而且也被广泛地应于放松训练、恢复训练及部分运动项目的专项训练中，并在实践中受到越来越多的关注和认可。

一、水疗概述

水疗是指利用水的温度、水静压、浮力和水中所含的化学成分以及专业设备，以不同方式作用于人体，起到防病、治病作用的一种方法。水疗主要包括温泉浴、涡浴、淋浴、喷射浴、盐水浴、松脂浴和矿泉浴等。水疗不仅利用了水的物理特性，如热传导效应、机械效应（浮力、压力、水流冲击等），还利用了水中可溶解多种物质的化学特性，通过对人体内部或外部加以作用，达到预防、治疗及康复的目的。

二、运动恢复中常用的水疗方法

（一）淋浴法

淋浴法是指以各种形式的水流，在一定压力下对人体进行喷射的方法。该方法主要包括直喷浴、冷热交替浴、针状溶等。各种淋浴法的具体操作方法及适应证如下。

1. 直喷浴

（1）操作方法：患者脱去衣物，背向或面向操作台，距操作台 2~3 m，操作人员以密集水流喷射患者的背部及四肢，以稀疏水流喷洒患者的胸腹部。操作顺序由近端到远端，操作 2~3 次。

（2）水温和水压：背部 35 ℃和 1 个大气压，四肢 25 ℃和 2. 5 个大气压，胸腹部 28 ℃和 2 个大气压。

（3）适应证：主要适用于功能不全性麻痹、低张力表现及神经官能症等。

2. 冷热交替浴

（1）操作方法：操作顺序为先热后冷，热水温度 40~45 ℃，进行 15~20 min；冷水温度 20 ℃左右，进行 10~15 min，重复 2~3 次。

（2）适应证：主要适用于肌肉痉挛及麻痹、慢性神经根炎等症，但禁用于高血压、动脉硬化和心功能不全者。

3. 针状浴

（1）操作方法：用 2~3 个大气压的针状水流进行治疗，刺激性大，应是局部喷射。

（2）适应证：主要适用于运动后的肌肉酸痛、神经衰弱、疲劳综合征等。

（二）气泡涡流浴法

气泡涡流浴法是综合运用温热、高压水流冲击和气泡摩擦作用的一种疗法。

（1）操作方法：根据患者的治疗部位，选择合适的气泡涡流浴装置，并进行检查。注入 2/3 容量的水，水温 37~40 ℃，打开充气和涡流开关，患者采取舒适的体位。将患肢浸入水中治疗，治疗过程中应保持水温恒定，水流强度适中，持续时间一般为10~20 min。

（2）适应证：主要适用于创伤后手足痛、关节韧带拉伤、软组织挫伤、神经痛等。但有各种出血倾向、身体极度衰弱和心肾功能异常的患者不应进行此疗法。

（三）超声波水疗法

超声波水疗法是以水为媒介，将超声波通过水作用于人体的治疗方法。

（1）操作方法：检查仪器、电源、按键和仪表。患者根据需要采取适宜体位，充分暴露治疗部位。接通电源，开始治疗，治疗时间一般根据病情而定。治疗完成，患者出浴休息。操作人员观察和询问治疗反应，并记录。

（2）适应证：超声波水疗法适用于腱鞘炎、疲劳性骨膜炎、肌肉痛、软组织创伤和炎症，以及神经系统疾病，但高热、急性炎症、有出血倾向、严重支气管扩张等人群禁用。

（四）水中运动疗法

水中运动疗法是指利用水的温度、浮力及压力的作用来进行步行，提高身体的平衡和协调能力、关节灵活性或力量和耐力训练，以达到治疗目的的方法。水中运动疗法一般每天进行一次，每次治疗时间为20~30 min，1个月为一个疗程，但也应视患者情况而定，如患者体质较弱或病情较重可以采取间断性训练。

思考题：

1. 运动员如何进行身体各主要运动肌肉的自我按摩放松？
2. 如何进行自身及同伴身体各主要运动肌肉扳机点位置的查找及确认？
3. 如何进行自身各主要运动肌肉扳机点的自我按摩实践？

CHAPTER 10 第十章

体能训练的营养支持

本章提要: 体能是运动员的基本运动能力，它通过力量、速度、耐力、协调、柔韧、灵敏等运动素质表现出来，运动素质又受身体的形态和结构机能的影响。合理的营养有利于运动员身体形态的维持和结构机能的建造。因此，体能训练需要全面、妥善的营养支持。本章主要介绍体能训练中运动员的营养需要及其特点；运动员不同时期的营养需要；特殊营养补剂和兴奋剂等。

第一节　运动素质与营养支持

(一) 力量训练与营养支持

力量素质训练项目要求有较好的力量和爆发力，以及有效的肌肉神经协调控制能力。这些项目的特点是时间短、肌肉输出功率比较高，因此肌肉活动主要能量由磷酸原系统供能提供，糖酵解供能系统也会部分参与。运动员力量训练可以适当补充肌酸，增加体内磷酸肌酸的储备。根据先前的研究，适量补充肌酸对于提高最大限度运动能力可能是必要的，但是没有必要摄入大剂量肌酸。

力量性项目运动员蛋白质代谢增强，对蛋白质的需求量增加，应该摄入充足的蛋白质。大多数国家的蛋白质推荐量为每公斤体重 0.8 g/d，对于力量型运动员，最适蛋白质摄入量可能高达每公斤体重 1.7~1.8 g/d，对于耐力型运动员则略低，通常为每公斤体重 1.2~1.4 g/d。肉类、鱼类、奶制品中的蛋白质比其他食品中的蛋白质生物价要高。奶制品具有较高含量的蛋氨酸，它是肌肉蛋白质合成过程中不可缺少的氨基酸。但是并不是补充蛋白质越多越好，因为蛋白质代谢过程中会产生氨，氨通过血液循环会进入肝脏合成尿素，再通过肾脏排出体外，所以摄入蛋白质越多，产生的氨越多，这就会增加肝脏和肾脏的负担。

(二) 耐力性训练与营养支持

耐力性训练项目特点是强度相对较小，运动持续时间较长，运动中主要依赖能源物质的有氧氧化供能。因此，能源物质减少、体液丢失和体温升高是影响耐力训练效果的主要因素。

据研究，耐力训练过程中，通过节约肌糖原，维持血糖水平可以有效延缓运动疲劳，改善运动能力。高水平耐力运动员肌糖原储备要高于普通人。对于耐力运动员的营养补充要从两个方面着手：一方面，应该注重糖类的补充。在日常饮食中，糖类的比例最好控制在总能量摄入的60%~70%。食物的来源除了米饭、面粉等主食外，还应该注重含糖量比较丰富的水果或蔬菜。同时在运动前、运动中、运动后也应该根据训练的实际情况补充一定量的含糖饮料，以提高训练的效果。糖类补充的时间，补充的形式，以及是否需要和氨基酸共同补充等都是很关键的问题，我们将在第四节详细阐述。特别是要注意，运动后糖类的补充时间和摄入总量也直接影响肌糖原的恢复。一般建议运动后立即补糖，尤其是在运动后最初 2 h 应在机体接受范围内尽可能多地补糖，因为这个时候肌糖原合成酶活性最高。另一方面，应该增强运动员的脂肪动员能力。例如，可以增加脂肪酸氧化的转运载体 L-肉毒碱的摄入。一般来说，肉毒碱在动物性食物中含量高，在植物性食物中含量低。其食物来源主要有羊肉、牛肉、鸡肉、兔肉、肝、心、牛奶、干酪、小麦芽、甘蓝、花生、花椰菜和小麦等。此外，有氧耐力训练的运动员的蛋白质需要略高于普通人。研究显示，支链氨基酸有利对抗耐力训练中的中枢疲劳，它可以和抑制性中枢递质竞争，从而发挥抗疲劳的作用。

经常进行耐力训练的运动员机体对各种营养素消耗要远大于普通人，因此更需要注意 B 族维生素、维生素 C、维生素 E、铁、钙和钾的补充。尤其要注意 B 族维生素 B_1、B_2和 PP 与能量代谢关系密切。铁和氧的运输有关，主要可以通过动物性食物补充。维生素 C 和 E 可以有效对抗耐力运动的过氧化过程，维生素 C 容易通过蔬菜、水果补充；维生素 E 主要含在植物油、坚果中，并且维生素 C 和维生素 E 同时补充效果更好。钾在水果、蔬菜和牛奶中含量比较丰富。

补液对于耐力训练有很大的影响。补液的时机和总量可以根据训练或者比赛的具体情况，和其他营养物质组合补充。具体补液方法详见第四节。

（三）速度训练与营养支持

速度素质受身体质量和力量的影响，因此速度训练的营养支持与力量训练有很多共同之处，同时训练还要考虑体重的问题。一般认为，高蛋白饮食有助于速度训练的力量提高。对于这些运动员蛋白质摄入量为每公斤体重 1.4~1.7 g/d，膳食中蛋白质供热比应达 12%~15%。

肌糖原的“超量填充”对于耐力训练来说可以提高运动能力，但是可能并不能影响速度训练的效果。这并不是说糖类对于速度训练不重要，因为从单次的速度训练看其动用的能源系统是无氧代谢系统，糖储备下降不明显，但是一般在训练时，由多次大强度运动训练组成，所以从整个训练负荷考虑，运动后仍旧要注意糖的补充。专家建议，运动员在大强度速度训练阶段应摄入足够量的糖类物质以维持每日的训练负荷。按每公斤体重 8~10 g 糖类物质膳食摄入可用于 1 h/日训练的肌肉糖原储备恢复。

（四）灵敏训练与营养支持

这类训练的特点是不仅需要良好的力量、爆发力、速度和耐力等基本运动素质，同时还对机体的协调能力要求较高，而且大部分灵敏性项目对运动员的体重有特殊的要求。因此，一方面要求能量摄入应当保证训练负荷需求，另一方面又不能使运动员体重过多增加。所以运动员的能量摄入种类、比例和总量有着严格要求。

首先，运动员要特别注意糖类在训练活动中的需要量。不吃主食（糖的主要来源），不利于运动中枢神经系统的供能，会影响训练效果。应当根据不同训练时间的长短和强度大小，选择合适的补糖种类。

其次，蛋白质也要补充。蛋白质摄入量可以达到日供能量的 12%~15%，补充优质蛋白有利于机体免疫功能及整体健康水平。同时也应该有一定比例的脂肪摄入，因为脂类物质摄入过少会影响脂溶性维生素的摄入和吸收。

最后，由于灵敏训练过程中精神高度紧张，因此需要补充一些和神经调节有关的维生素和矿物质。例如，增加维生素 A 的补充量可以帮助运动员适应紧张的视觉活动，日补充量应该达到 1. 8 mg 以上，维生素 B_6有助于运动员的恢复，Ca 和神经冲动的传导有关。

第二节　体重、体成分与营养支持

身体形态是构成体能的要素之一。体重和体成分是反映身体形态的两个重要指标。运动员的身体形态应该适合运动项目体能需求，以达到身体素质的均衡发展。如体操、跳远、跳高、花样滑冰等，长期保持适宜体重或体脂，从而在训练中获得生物力学优势、最大的肌肉力量比、减少耗氧量及能量消耗。还有一些有体重级别要求的项目，更需要科学的营养计划支持。运动员在平时训练就应保持合适的体重，而不是临近比赛快速减重从而影响运动能力。

（一）运动员增重、增肌与营养支持

运动员增重主要指通过力量性训练增加瘦体重。因此，建议在增加体重期间，制订加强肌肉力量训练的计划，不仅要对如腿、髋、肩、臂、胸等部位大肌肉群进行一定强度的力量性训练，还要对相应的小肌肉群进行练习。其营养摄取如同力量素质训练要求。

此外，还应该控制体重增长的速度。一般认为，运动员防止体重增长过多的最好办法是控制体重增长速度，以每周增长体重不超过 1 kg 为宜。

（二）运动员减重、减脂与营养支持

有些运动项目运动员通常采用限制饮食、限制饮水、加大运动负荷、增加排汗等方式，在临近比赛前的数个小时或 1 周内快速减轻体重。这些方法本身不利于运动员的身体健康和运动能力的发挥，因为一般来说快速减轻体重，主要还是以脱水为主，而水是生命活动的介质。一些研究表明，限制饮水一天可减轻 4.5%~4.9%的体重，而蒸桑拿 1 h 可失去原体重的 2%~5%。所以从健康的角度考虑，运动员应该采取科学合理的方法控制体重。

一般来说，运动员希望在合适的体重范围内，体脂下降而瘦体重升高。要避免体脂升高，就要知道引起体脂升高的机制。从能量代谢角度考虑，如果摄取的总能量大于机体消耗的能量就会引起体脂增加，摄取的总能量包括糖类、脂类和蛋白质。因此，对于需要控制体重的运动员，要根据运动项目特点和训练负荷，适当地调整这三大能量营养素的摄入总量和比例，不能偏重于某一种能量营养素，因为这三大营养素在体内的代谢是相互影响、相互制约的（图 10-2-1）。同时要增加以有氧运动为主的运动训练，如游泳、跑步和骑自行车等。

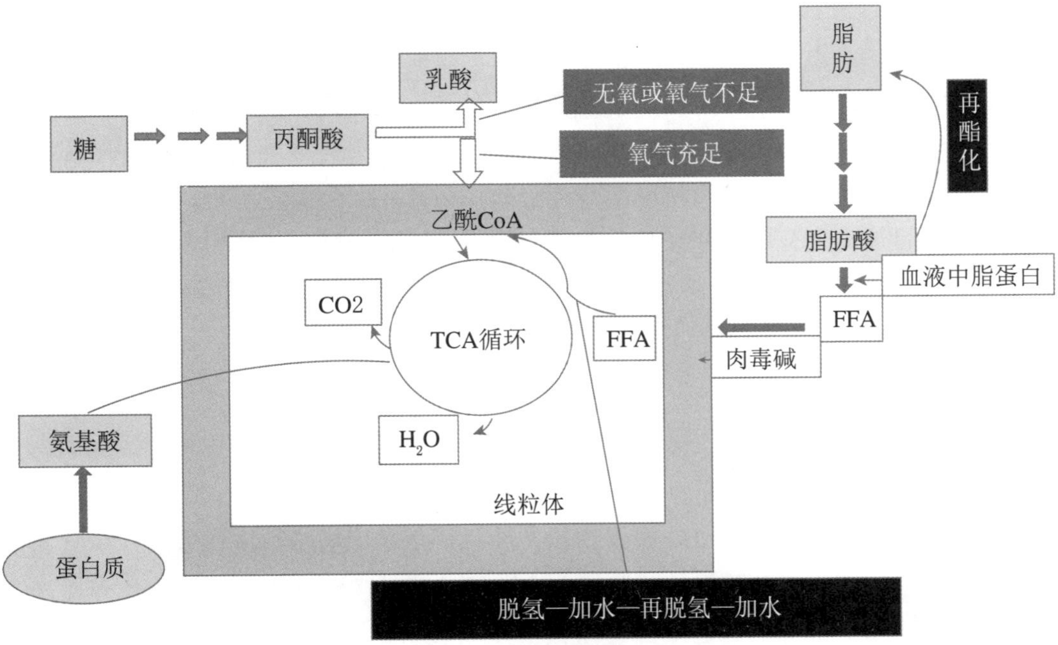

图 10-2-1　三大能量营养素的代谢关系图

第三节　机能促进与膳食补充

运动员选择和使用运动营养品要考虑 3 个问题，首先是产品功效、补充量和补充

时机，其次是需要关注该补剂是否违反反兴奋剂条例，最后还必须考虑营养补充品的安全问题。本节将介绍有科学证据支持其提高运动能力的运动营养补剂和目前比较流行的几种补剂。

（一）能量补剂

1. 肌酸

肌酸又名甲基胍乙酸，从化学成分讲，它是由甘氨酸、精氨酸和蛋氨酸组成。它可以通过肉或鱼取得，也可以在肾脏、肝脏和胰腺中合成。一名体重 70 kg 的男性，整个机体内的肌酸含量约为 120 g，其中 95%位于肌肉中。当肌酸进入肌细胞，它接受高能磷酸盐而合成磷酸肌酸。磷酸肌酸是前述磷酸原供能系统的主要底物。

一项对 19 名抗阻训练健康男性双盲随机对照实验研究证实，在 12 周周期性大强度抗阻训练中，补充肌酸组体重、去脂体重均显著增加 6.3%，安慰剂组两指标分别增加 3.6%和 3.1%。许多研究表明，肌酸补充能增大最大力量、高强度运动能力和举重重量。最明显的效果就是瘦体重增加，或者其他体成分的影响还有待进一步探索。

关于补充剂量，经典的方法是将它分为 2 个时相：冲击期和维持阶段。典型的冲击阶段补充 20 g 肌酸，4 次/天，维持 2~7 天。然后进入维持阶段：2~5 g/日，维持 7 周至数月。但是最近也有研究指出，冲击期大剂量肌酸补充并没有明显提高肌肉磷酸肌酸含量，似乎每日定量补充可以达到同样的效果，关于这一问题，还没有明确的结论。值得注意的是，受试者补充肌酸后肌肉内储备量的个体差异也较大，想要提高特定运动员的运动能力，必须具体问题具体分析。另外，必须清楚长期大剂量服用肌酸是否对身体健康有害，以及补充肌酸的安全剂量。摄入肌酸可使尿肌酐这一肾功能指标上升，但这不能认定为肾功能不正常。因此，目前长时间补充肌酸最佳的维持量是2 g/天。

2. 蛋白质和氨基酸

运动后补充氨基酸，可以促进蛋白质合成，对机体恢复有积极作用。单独的必需氨基酸补充和混合氨基酸补充效果可能是一样的。

（1）支链氨基酸：跟能量代谢密切相关的是支链氨基酸，包括亮氨酸、异亮氨酸和缬氨酸，它们都属于必需氨基酸。补充支链氨基酸促进运动能力的提高体现在两方面：①改善中枢的抗疲劳能力；②促肌肉力量增长。在从事长时间运动训练过程中，脑中 5-羟色胺浓度升高可降低中枢神经的兴奋性，使中枢神经系统产生疲劳。补充支链氨基酸可以维持血液中支链氨基酸浓度，减少色氨酸进入中枢，降低中枢神经中 5-羟色胺的浓度，从而延缓疲劳。支链氨基酸同时还可能对促蛋白质合成和（或）减少蛋白质分解起作用。也有研究表明，训练前补充支链氨基酸可提高人体生长激素浓度，抑制睾酮下降，营造利于合成代谢的环境。目前认为，支链氨基酸在运动前 30

min 服用效果比较好。

（2）HMB：即 β-羟基-β-甲基丁酸，是必需氨基酸亮氨酸的代谢物，HMB 在体内蛋白质降解的调节中起作用。蛋白降解是高强度运动后肌肉发生分解的自然过程，HMB 能抑制该过程。HMB 能促进蛋白质合成和减少其分解，增加机体力量，加快脂肪消耗，延缓肌肉疲劳，有助于提高耐力。因此，它是一种增加力量、增大肌肉体积、减少体脂的新型营养补充剂。已有诸多研究显示，补充 HMB 对肌肉有保护效果。

一般建议，HMB 补充剂量应为 0.5~3.0 g/日。由于 HMB 的半衰期较短（2~4 h），如果一次服用大剂量 HMB，数小时后血中 HMB 浓度就恢复正常，因此推荐 HMB 每日分 3 次服用，有助于发挥其作用。但是现在许多研究都是以未受过训练的人群作为研究对象，还有一些研究以老年人群作为研究对象。因此，HMB 对具有训练经历的运动员的补充效果还有待进一步研究。

（3）β-丙氨酸：它是近几年流行起来的运动营养品。有研究显示，对于短距离跑、短距离游泳等训练，β-丙氨酸可能有延迟疲劳出现的效果，但也有研究认为它没有这些效果。

肌肽是组氨酸和 β-丙氨酸组成的二肽，在骨骼肌中含量相对较多（主要是Ⅱ型肌纤维）。肌肽是骨骼肌中主要的缓冲物质之一，它能有效缓冲氢离子升高与无氧代谢相关的 pH 值。因此，理论上认为，可以通过补充肌肽来缓冲由高强度训练引起的 pH 值下降，从而维持更长时间的高强度训练。无氧运动能力较强的运动员含有更高的肌肽浓度。因此，肌肽可能与无氧运动能力高度相关。然而，摄入的肌肽进入血液后会被肌肽酶迅速降解为 β-丙氨酸和组氨酸。但是，分别补充 β-丙氨酸和组氨酸，它们进入骨骼肌可再合成肌肽。研究显示，同时补充肌酸和 β-丙氨酸可增强运动能力，延缓运动疲劳。安全的补充剂量通常为 3~6 g/日，高剂量可能会带来副作用。目前关于补充 β-丙氨酸对运动能力的影响还处在研究阶段。

（二）体液、电解质平衡与营养支持

1. 运动饮料

运动时由于肌肉收缩产生大量热量，大量出汗是集体调节体温的重要途径。运动时大量出汗如不能及时补液，就会造成脱水。脱水量为体重的 2%时，血容量即可减少，心脏负担增加，影响运动能力。脱水量为体重的 4%~5%，会出现心率加快、体温升高，从而严重降低运动能力。另外，在长时间的运动训练中，大量的肌糖原消耗会导致运动性疲劳的过早发生，进而影响运动能力和运动成绩。运动饮料的应用目的是预防脱水和及时补充能源物质、电解质，支持训练，提高运动成绩。

（1）运动饮料组成包括糖及电解质。

① 糖类物质：糖是人体运动时最重要的能源物质。由于体内的肌糖原储备有限，在运动时肌糖原大量消耗而没有得到补充会造成运动能力下降。同时，血糖的下降和

中枢疲劳高度相关。因此，科学配方的运动饮料中必须含有一定量的糖。

饮料中糖的浓度会影响渗透压，进而影响胃排空速率。高浓度的糖溶液有利于能量的补充，但是会降低胃排空速率和小肠对水的吸收。低浓度的糖溶液有利于液体的吸收，但是减弱了对能量的供给。有研究指出4%～6%的糖溶液对胃排空速率无影响；当糖浓度超过6%时，胃内液体的排空速率随糖浓度的增加而减少。理想的运动饮料糖浓度为5%～7%。

从渗透压和吸收速率考虑，运动饮料中糖的种类选择应包括多种可转运糖。目前运动饮料多选用葡萄糖、果糖、低聚糖或中链淀粉为主要原料。由于低聚糖、中链淀粉具有甜度低、口感好、渗透压低、胰岛素反应低以及无胃肠道反应等优点，目前成为运动饮料的首选。

② 适量的电解质：运动时出汗导致钾、钠、钙、镁等电解质大量丢失，引起运动能力下降，甚至出现肌肉痉挛。运动饮料中加入适当电解质不仅有助于补充汗液中丢失的电解质，还有助于维持渗透压，预防脱水。

（2）运动饮料补充建议。人体血液渗透压的范围为280～320 mmol/L，饮料中的水及其他营养成分想要尽快通过胃肠，并被充分吸收，渗透压就得比血浆低或者相等。高渗饮料不利于运动员保持运动能力，也不利于运动过程中的补水。

2. 碳酸氢钠

碳酸氢钠是一种碱性盐，俗称小苏打。它作为一种强力手段使用和研究已有多年，但对其有效性仍有争论。在运动中，糖酵解供能体内会产生大量乳酸使肌肉酸度增加。根据一些研究，补充碳酸氢钠可以中和酸性代谢产物，帮助体液恢复酸碱平衡，延缓疲劳的发生，有利于提高运动能力。

许多研究都采用0.15～0.40 g/kg的补充量，而一般使用0.3 g/kg。宜在赛前1～3 h服用。大量补充碱性盐类可能会引起胃肠道不适、恶心、呕吐和腹胀等症状。补充碳酸氢钠的同时大量补水可减轻副作用。

（三）抗氧化剂

1. 维生素

维生素E、维生素C和β-胡萝卜素是公认的抗氧化维生素，对保护机体免受氧化应激损害有重要作用。

（1）维生素E是脂溶性维生素，补充维生素E可减轻氧自由基对机体的损伤。研究表明，每日补充1200～2000 IU维生素E可增强运动员的抗氧化能力。

（2）维生素C具有抗氧化活性，维生素C的营养状况可能加强组织中维生素E的作用，可促进维生素E再生，对维持维生素E含量起到重要作用。维生素C还可清除多种自由基活性基团，抑制中性粒细胞活化，抑制脂质过氧化反应。长期服用>1 g的维生素 C 可致恶心、呕吐、急性腹泻。大量摄入维生素 C 还可能引起肾结石。

（3）β-胡萝卜素具有一共轭双键长链，是与自由基作用的良好底物，具有抗氧化特性，能够降低氧自由基对机体的危害。与其他抗氧化剂清除反应不同，β-胡萝卜素分子直接与自由基作用，非特异性地保护蛋白质等大分子、膜结构以及器官等免受氧化损伤。此外，它也与其他抗氧化剂（如维生素 E 和维生素 C 等）协同作用。

2. 矿物质

（1）硒：作为谷胱甘肽过氧化物酶的辅助因子而发挥抗氧化作用。谷胱甘肽过氧化物酶主要清除过氧化物，增强维生素 E 的抗氧化活性。我国运动员硒的适宜摄入量为 50 ~150 μg。

（2）锌和铜：主要作为超氧化物歧化酶（与 SOD）的组成成分发挥清除自由基的作用。经常参加体育运动者应适当增加锌和铜的摄入量。我国运动员锌的适宜摄入量为 20 mg，但大剂量补锌会严重干扰铜的代谢。运动员每天补铜量为 0.5 ~3.0 mg。

第四节　体能训练不同阶段的营养补充

体能训练也可以按照运动训练一般原理将训练大周期分为 3 个阶段：准备期、比赛期和恢复期。在准备期，运动员通过适应性机制，提高竞技能力促进竞技状态形成。因此，需要合理膳食达到体能积累，同时避免营养补充的一些误区。在比赛期，运动员需要保持稳定的竞技状态，创造好的运动成绩，所以需要在比赛前、比赛中和比赛后给予运动员营养支持，使其各系统高度协调，在运动中将竞技能力释放出来。而在恢复期，运动员需积极恢复、调整心理和生理状态，营养也是必不可少的重要一环。

（一）准备时期的营养支持

1. 合理膳食

（1）意义。

合理膳食是准备期应该做好的基础工作，这既是保证运动员体能训练的需要，也是维持身体健康的重要物质基础。适宜的膳食营养有助于：①提高运动训练效果。②身体功能最佳化。③促进疲劳恢复。④避免受伤。但是目前存在的问题是体能训练过程中膳食失调很突出，严重影响训练的效果和训练后的恢复。目前膳食失衡涉及糖类物质摄入不足、脂肪和蛋白质摄入过量、部分维生素缺乏、三餐摄食量分配不合理，以及运动中忽视补水和矿物质等问题。

运动员在训练和比赛中体力消耗很大，如果不能得到足够的营养补充，就会影响体力恢复，出现机体功能下降和易疲劳等症状，影响运动训练效果和成绩的提高。

（2）基本概念。

合理膳食就是指运动者一日三餐或多餐所吃食物提供的热量和多种营养素，与其完成每天训练的运动量所需消耗的能量和各种营养素之间保持平衡。从营养素来讲，既要有充足的热能，蛋白质、脂肪、糖类的含量和比例又要适当，有充足的无机盐、维生素、微量元素和水分。也就是说，每日各种食物的种类和数量的选择要得当且充足。

合理膳食的重点在于多样、平衡和适度。选择多样化食物组成的膳食有利于各种必需营养素的适量补充，也可以从各类食物中获得其所含的特殊化合物，保持全天营养素摄入量的平衡。

（3）运动员合理膳食的基本原则。

运动员合理膳食的基本原则为“四多”和“三少”原则。“四多”是指主食、蔬菜、水果和奶制品的摄入量应较多。“三少”是指油脂、肉类和油炸食品的摄入量应少。

摄入各种营养素的合理建议包括以下几个方面。

①自由摄入复杂糖类物质（包含淀粉、多糖和单糖），达到膳食总热能的55%~60%，甚至70%。

②适量摄入蛋白质，占膳食总热能的12%~15%。

③控制脂肪的摄入量，占膳食总热能的25%~30%，特别要控制饱和脂肪酸的摄入。

④生吃水果、蔬菜，增加维生素和膳食纤维的摄入。

⑤运动前、中、后补充运动饮料，保证足够的水和一定量的糖、无机盐和维生素。

⑥养成良好的饮食习惯，注意早餐和午餐的摄入。

⑦运动员合理膳食具体分为调整食物结构、餐制科学合理、正确补液补糖和选择适合自己的食品。

a. 调整食物结构：增加糖类物质的摄入，主要是增加主食的比例，相应减少动物性食物（主要是肉制品）的比例，特别是含脂肪丰富的食品摄入。要选择低脂肪、高糖类的谷类食品。为确保优质蛋白质的比例，满足骨骼肌的修复，应注意牛、羊、鸡等瘦肉，以及鱼、乳、豆、蛋类食物的摄取，但要避免摄入量过大，加重机体代谢负担；也不要摄入较多脂肪。但是，增加主食、减少动物性食品，必然使植物性蛋白质比例增加，即优质蛋白质的比例下降，所以可适当补充蛋白营养补充品。动物性食物减少还可能造成维生素 B_2 的减少，可通过复合或单一维生素制剂弥补。

b. 餐制科学合理：运动人群一天至少三餐，部分项目运动人群还要有2~3次加餐，加餐包括各种小吃、零食（建议坚果类）和运动营养品。一般建议运动人群提高膳食或零食频率至一天5~6次或更多，进餐频率提高后，肠道的耐受性通常也会相应提高。

c. 选择适合自己的食品：挑选在生理上和心理上适合自己的食品，可固定自己喜欢的食物作为运动前餐，进餐时间应该固定。这样可以避免某些胃肠不适或心理问题。

2. 运动营养补充的误区

在准备期除了要合理膳食，还应该注意几大营养误区。

（1）强调特殊营养的补充，忽略基础营养的摄入。

在竞技体育的运动训练过程中运动员要承受超负荷的刺激，运动员往往更重视特殊营养的补充，认为这些特殊营养的补充可以促进身体机能的提高。但是他们忽视了膳食营养的基础作用，造成了基础膳食营养摄入不合理。事实上，只有当基础膳食营养摄入充足、合理的情况下，再根据运动项目的特点，补充特殊营养才能更充分地发挥其对机体的强化营养的作用。

（2）强调宏量营养素的摄入，忽略微量营养素的供给。

运动员在膳食结构上一味强调吃一些高脂肪、高蛋白、高热量的食品，以加强营养，过分强调宏量营养素的补充。许多运动员存在不同程度 B 族维生素和维生素 A 摄入不足的情况。无机盐元素在机体中起着极为重要的作用，对于维持运动员的运动能力具有积极意义。但是对运动员进行的大量膳食营养调查结果表明，由于饮食习惯和膳食营养结构不合理，运动员的某些矿物质摄入不足，尤其表现在钙、铁和锌等金属元素的摄入不足。

（3）强调蛋白质的补充，忽略糖类的摄入。

蛋白质是构成机体的重要物质，是维持生命活动最重要的营养素，所以运动员把摄入更多的蛋白质作为促进身体机能恢复的重要标准。但是在日常生活和运动训练中，蛋白质并不是主要的能源物质，所以每天的消耗量相对于糖和脂肪来说都要少。糖类摄入严重不足不仅会严重影响运动员训练质量和运动能力，同时会影响其他物质的正常代谢。但是由于运动员对摄入糖类的误区，尤其是女性运动员，在进食时很少吃主食，从而造成糖类摄入严重不足，使运动的最主要能源物质恢复不足，从而严重影响运动训练效果，降低运动能力。

我国营养学会提出居民合理的每天膳食中糖类至少应占发热量 50%~55%，运动营养专家则认为运动员一天摄取平衡的混合膳食中糖类的供给量按其发热量计算应至少占总能量摄入的 55%~60%，有些项目（如耐力性项目等）则要求达到 65%或更高。

（4）强调晚餐的丰盛，忽略早餐的多样性。

均衡的一日三餐是运动员一天的正常训练的保障，一日三餐热能分配应与运动员的训练相一致。合理的一日三餐能量摄入分配应为：早、中、晚餐大致为 30%、40%、30%。对运动员膳食营养的调查表明，目前大多数运动员忽视早餐的重要性，甚至有一些运动员根本不吃早餐。运动员早餐的热能仅占全天的 19%，午餐的热能比也只有 23%，而晚餐的摄入量却远远高于合理的摄入比例，存在着“早简晚盛”的现象。这种不合理的早餐和午餐导致机体营养素的摄入不足，日常活动和运动训练所消耗的能源物质和其他营养素不能得到及时恢复，从而影响训练课的能量保证和训练质量。因此，无论从营养角度，还是从训练角度，都应重视早餐的多样性。

（5）强调食物的品种，忽略食物的“相克”现象。

食物“相克”是指食物中各种营养素和化学成分存在着相互拮抗、相互制约的关系。膳食中由于营养素的搭配不当，往往会妨碍人体对这些营养素的消化、吸收和代谢，造成某些营养缺乏。目前运动员、教练员对食物“相克”的知识缺乏，在日常膳食中没有注意避免这些相克营养素的共同摄入。例如，含草酸、植酸丰富的食物不能和含钙（Ca）、铁（Fe）、锌（Zn）等无机盐丰富的食物同时食用，含维生素 E 丰富的食物不能和含 Fe 丰富的食物同时食用。

（二）比赛时期的营养支持

1. 运动员赛前的膳食营养

运动员在比赛前处于高度兴奋和精神集中状态，此时胃肠道和脾脏等组织器官血流减少，消化机能下降，食欲减退，腹部出现不适，甚至出现腹泻。比赛前安全卫生的膳食有助于运动员保持良好的竞技状态。而如果比赛前膳食营养不当，常常使运动员竞技能力下降，影响运动员竞技成绩。

（1）预防运动性疲劳。

在前期一个重要的任务就是预防并推迟运动性疲劳。运动员精神紧张，体能消耗较大，身体的各个系统都会受比赛的紧张情绪影响而发生不同的变化和反应。例如，体内应激激素分泌和能源物质消耗都会导致机体内环境发生一系列变化。运动性疲劳预防和推迟的措施主要包括：①增加运动前补糖使肌糖原储备充足。②注意在运动前补液保证体内水合状态良好。③适量补充抗氧化物质，有利于缓解运动疲劳，增强耐力，防止损伤。④预防乳酸堆积主要采用增加碱性食物，摄入维生素 C、维生素 E、维生素 B_1 和维生素 B_{12}。

（2）预防肠胃功能紊乱。

比赛前运动员可能会出现肠胃功能紊乱的症状。肠胃功能紊乱会导致运动员消化能力下降，造成能量物质摄取不足，而影响运动能力。调理肠胃功能紊乱的方法包括：①饮食要有严格规律性，避免因饮食不规律而加重肠胃调节负担。②控制好每餐的进食量。过多的进食会加重消化系统的负担，但是为了保证营养的充足可以少量多次补充。在营养全面的情况下，酌情控制每餐的进食量。③减少摄入刺激性食物。

（3）运动员赛前饮食的原则包括以下几个方面。

①控制总热量：饮食的热量应当相应减少以保持适宜的体重和体脂。运动员在赛前运动量会不同程度减小。因此，膳食中能量的摄入也应该减少，否则可能会使体脂和体重增加。多余的体脂、体重会影响运动能力。应该避免吃纤维素、易产生气体、具有一定刺激性的食物，因为这会加重肠胃的负担，进而影响竞技能力。

②采取运动员喜爱的饮食，保证糖类的摄入。选择的食物应当是运动员喜爱的，

要考虑到运动员的心理需要。赛前饮食应该充分利用糖类、维生素、矿物质保证身体的糖原储备，维生素储备充足。但是过量补充糖类可能会造成体脂增加。

③增加碱性食物供给，增加碱储备。增加碱储备有利于运动员在运动中缓冲酸，延缓疲劳。赛前切忌大量补充氨基酸，因为这样会增加血氨。

2. 运动员比赛当日的膳食营养

（1）比赛日的膳食原则要求是速效，并能在比赛时起作用。具体原则和措施包括：①食物满足热能和体液平衡的需要；口感符合运动员喜好；体积和重量要小，防止影响呼吸；低脂肪，易消化；含少量的蛋白质和充足的水分，富含无机盐和维生素。②适量选择膳食纤维多的粗杂粮，避免易产气引起腹胀的食物。③避免辛辣的食物，以减少对胃肠道的刺激。④选择富含矿物质和维生素的食物。⑤赛前的饮食时间、程序应该符合运动员平时习惯，而不应当在比赛日突然增加某种食物。如果运动员确信某种食物会使他们赢得胜利，则应将其列入赛前营养计划，但应特别注意该食物的摄取时间。⑥一般情况下，不允许空腹参加比赛，空腹运动很可能发生低血糖的危险。

此外，像马拉松跑、公路自行车项目，由于比赛时间较长，在运动期间应适时给运动员补充运动饮料和食物。

（2）赛前一餐在比赛开始 3 小时以前完成。食物的体积要小，能提供 500~1000 kcal 的能量。不应该在赛前 30 min 进餐，因为这会产生胃肠部胀满感，影响竞技能力。赛前一餐应该注意：①比赛当日不宜换食新的食物或改变运动员饮食习惯，否则会有发生过敏、胃肠道不适或腹泻的可能。②赛前补液应该在 500~700 mL 为宜。赛前不宜服用咖啡、浓茶或含酒精的饮料。③耐力性项目比赛应该进行赛前补糖，为避免胰岛素效应，补糖的时间应在赛前 15 min 或 2 h 进行，避免赛前 30~90 min 摄入糖类。但是目前国外不强调赛前补糖的时间。常用的补糖种类在前面已经介绍过，建议应在赛前食用。补糖量应控制在 50.0 g/h 或不大于 1.0 g/kg 体重。

（3）比赛途中的补液。除比赛前少量补水外，比赛中每隔 15~30 min 补液 100~300 mL，或每跑 2~3 km 补液 100~200 mL。补液量不应大于 800 mL/h。比赛中的补液量一般为出汗量的 1/3~1/2。饮料的温度对胃排空影响不大，但温度较低的饮料（8~12 ℃）口感稍好。饮料中应含少量的钠盐，一般每升含有 176~522 mg。

（4）比赛途中的补食。能量消耗较大的项目，途中运动员可根据饥饿感觉选用和摄取一些体积小、胃排空快、容易消化吸收的液体型或质地柔软的半流体食物。一般短时间比赛项目不主张比赛途中进食。

3. 运动员赛后的膳食营养

（1）运动员赛后的体液恢复。

赛后补液采用含电解质的运动饮料极其重要。比赛结束即刻给运动员饮用 100~150 g 的葡萄糖，有利于肌糖原的合成。运动后的补液总量由体重恢复的情况来估计。

应以少量多次为原则，不可暴饮。恢复用的运动饮料的糖浓度可以是 5%～10%（如果是葡糖糖，适宜浓度是 7%），钠盐的含量可为 30～ 40 mmol/L，保持适宜渗透压，有效恢复比赛中丢失的体液。

（2）运动员赛后的能量恢复。

运动后能量储备的恢复主要是补充已消耗的肌糖原。运动后 6 h 内糖原合成酶的活性最高，糖原恢复速率最快，尤其是前 2 h，肌糖原储量完全恢复大约需要 20 h。因此，运动后的补糖时间越早越好。应该分多次补糖，如运动后即刻补充糖50 g，以后每隔 2 h 摄入糖 50～100 g，在 20 h 内可摄入 500～1000 g 糖。不论是单糖、双糖、复合糖，还是液体型糖均有效。果糖更有利于肝糖原的恢复。

运动员赛后的第一餐应安排在赛后结束 30 min 以后进行。赛后的饮食仍应是含高糖、低脂肪、适量蛋白质和容易消化的食物，以及无机盐和维生素丰富的平衡膳食。

赛后少则 2～3 天，多则 5～7 天应补充电解质、维生素、微量元素和碱性食物。补充蔬菜、水果可以摄取天然维生素和矿物质，以增加碱储备。

思考题：

1. 请说出力量训练的营养补剂。
2. 耐力训练中如何补液？
3. 赛前膳食应该注意哪些方面？

REFERENCES

参考文献

[1] 周家颖，李山．体能训练教程［M］．北京：北京体育大学出版社，2015.

[2] 王卫星．体能训练理论与实践［M］．北京：高等教育出版社，2012.

[3] 王雄，沈兆喆．身体功能训练动作手册［M］．北京：人民体育出版社，2014.

[4] 李铂，李帅星．实用体能训练方法［M］．北京：化学工业出版社，2016.

[5] 罗华平．现代体能理论阐析与科学化训练研究［M］．北京：中国书籍出版社，2017.

[6] 王茹．运动训练功能评定测试方法［M］．上海：复旦大学出版社，2012.

[7] 吴东明，王健．体能训练［M］．北京：高等教育出版社，2006.

[8] 杨世勇．体能训练［M］．北京：高等教育出版社，2013.

[9] 谭成清，李艳翎．体能训练［M］．长沙：湖南师范大学育出版社，2012.

[10] 袁尽州，黄海．体育测量与评价［M］．北京：人民体育出版社，2011.

[11] 郭占久．等速测试系统在体育中的应用研究［J］．广州体育学院学报，2007，5（27）：98-100.

[12] 吴毅．等速肌肉功能测试和训练技术的基本原理和方法［J］．中国康复医学杂志，1999，14（1）：44-47.

[13] 华立君．等速测试系统在体育科研中的应用［J］．南京体育学院学报，2008，7（4）：33-35.

[14] 杨涛，李之俊．等速测试在评价运动员肌力中的应用［J］．体育科研，2007，28（3）：69-71.

[15] 王爽．测力台在体育测试中的应用研究［J］．电子设计工程，2011，19（14）：54-56.

[16] 单信海．测力台对人体肌肉力量测试的多项指标特征［J］．中国临床康复医，2005，9（12）：202-203.

[17] 张辉，过平江．Wingate 试验的研究综述［J］．山东体育学院学报，2004，5（20）：41-43.

[18] 匡卫红，陈佩杰．无氧功测试方法—Wingate 试验［J］．中国临床康复，2002，9（12）：2601-2602.

[19] 鲍春雨．功能性体能训练［M］．北京：北京体育大学出版社，2017.

[20] 尹军，袁守龙．身体运动功能训练［M］．北京：高等教育出版社，2015.

[21] 马克・瑞比托．力量训练基础［M］．杨嘉辰，译．北京：北京科学技术出版社，2017.

[22] 霍利斯・兰斯．力量与体能训练［M］．杨溪，译．北京：人民邮电出版社，2015.

[23] 沈剑威，阮伯仁．体适能基础理论［M］．北京：人民体育出版社，2008.

[24] Ben Reuter. 耐力训练［M］．石宏杰，译．北京：北京体育大学出版社，2017.

[25] 胡安・卡洛斯・桑塔纳．功能性训练［M］．王雄，袁守龙，译．北京：人民邮电出版社，2017.

[26] 王瑞元，苏全生．运动生理学［M］．北京：人民体育出版社，2012.

［27］张文栋，杨则宜．实用体能训练营养学［M］．北京：人民体育出版社，2014.
［28］张钧，张蕴琨．运动营养学［M］．北京：高等教育出版社，2006.
［29］吕晓华．运动营养学［M］．成都：四川大学出版社，2005.
［30］罗纳德·J. 莫恩．运动营养［M］．杨则宜，译审．北京：人民体育出版社，2005.
［31］王琳．运动膳食与营养［M］．北京：北京体育大学出版社，2016.
［32］张钧，张蕴琨．运动营养学［M］．北京：高等教育出版社，2010.